Ungewollt

Mia und die Teeniefamilie

Lilly Fröhlich

Ungewollt

Mia und die Teeniefamilie

Band 6

Impressum

Bibliografische Information der Deutschen Nationalbibliothek: Die Deutsche Nationalbibliothek verzeichnet diese Publikation in der Deutschen Nationalbibliografie; detaillierte bibliografische Daten sind im Internet über http://dnb.dnb.de abrufbar.

TWENTYSIX – Der Self-Publishing-Verlag
Eine Kooperation zwischen der Verlagsgruppe Random House und BoD – Books on Demand

© 2020 Lilly Fröhlich, überarbeitete Auflage

Herstellung und Verlag:
BoD – Books on Demand, Norderstedt

ISBN: 978-3-740-765620

Illustration:	Lilly Fröhlich, © Lilly Fröhlich
Covergestaltung:	Lilly Fröhlich, Isabelle Ferrara
Cover:	© 2020 Lilly Fröhlich

Alle Rechte vorbehalten.

Das vorliegende Werk ist mit all seinen Teilen urheberrechtlich geschützt und darf – auch teilweise – nur mit Genehmigung der Autorin wiedergegeben werden. Das Kopieren, die Digitalisierung, die Farbverfremdung und Ähnliches stellt eine urheberrechtlich relevante Vervielfältigung dar. Verstöße gegen den urheberrechtlichen Schutz sowie jegliche Bearbeitung der hier erwähnten schöpferischen Elemente sind nur mit ausdrücklicher vorheriger Zustimmung des Verlags und des Autors zulässig.

Inhaltsverzeichnis

Das Feriencamp 11

Heimkehr 24

Überraschungsbesuch 35

Es kracht 45

Der Neue 55

Der Arztbesuch 80

Das erste Mal 100

Das Dummy-Projekt 108

Der Rauswurf 125

Mutter-Kind-Heim 131

Das Baby ist da 144

Reden ist Gold 164

Ohne Angst kein Mut 177

Steckbrief:

Name: Mia Maibaum

Alter: 13/14 Jahre

Adresse: Bärenklau

Was ich mag: Pinguine, Malen

Was ich nicht mag: Streit

Was ich werden will: Tierpflegerin

Steckbrief:

Name: Emma Rosenstein

Alter: 13/14 Jahre

Adresse: Bärenklau

Was ich mag: Pippi Langstrumpf

Was ich nicht mag: Fleisch

Was ich werden will: Psychologin

Steckbrief:

Name: Bella Lustig

Alter: 15 Jahre

Adresse: Bärenklau

Was ich mag: Boris, Babys

Was ich nicht mag: Alleinsein

Was ich werden will: Erzieherin

Steckbrief:

Name: Linda Baumgart

Alter: 40 Jahre

Adresse: Südafrika

Was ich mag: Mia, Arbeiten

Was ich nicht mag: Traurig sein

Was ich werden will: Sozialarbeiterin

Das Feriencamp

»Gute Fahrt«, sagt Tom Maibaum und winkt seiner Tochter Mia hinterher.

Thomas' Vater, Hans Wietmüller, hat sich bereiterklärt, seinen Sohn Thomas und dessen Freunde und Klassenkameraden Mia Maibaum, Emma Rosenstein, Amelie und Nils Sanders sowie Lucas Fluge zum Feriencamp an die Ostsee zu fahren.
Drei herrliche Wochen im Feriencamp am Ostseestrand auf dem Darß bei Rügen warten nun auf die angehenden Siebtklässler.

Nach einer zweistündigen, unterhaltsamen Autofahrt erreichen sie den Zeltplatz, der ein wenig versteckt in einem kleinen Kiefernwald liegt. Thomas' Vater parkt den Wagen und lädt das Gepäck aus. Sehnsüchtig blickt er sich um. »Mein Sohn, das werden bestimmt tolle Ferien. Es ist himmlisch hier. Vielleicht sollte ich auch noch ein paar Tage anhängen und hier mit deiner Mutter Urlaub machen.«
Erschrocken blickt Thomas seinen Vater an. »Hier? In unserem Feriencamp?«
Hans Wietmüller grinst. »Hast wohl Angst, dass ich dir die Ferien vermassele, was?« Er winkt ab. »Keine Sorge, wenn ich deine Mutter überreden kann, eine Woche mit mir hierher zu fahren, dann halten wir genug Abstand. Ich war auch mal jung.«
Erleichtert atmet Thomas auf.
»Vielen Dank, dass Sie uns hierhergefahren haben«, sagt Mia artig und schnappt sich ihre Tasche. Sie folgt den Zwillingen Nils und Amelie zur Anmeldung. »Tschüss, Onkel Hans«, ruft Nils winkend, »und vielen Dank, dass du uns hergefahren hast.«
»Ja, danke«, stimmen auch die übrigen Freunde ein.
»Gern geschehen. Amüsiert euch gut!«, sagt Thomas' Vater.
»Dürfen Jungs und Mädchen in einem Zelt schlafen?«, fragt Nils hoffnungsvoll, bevor sie die Anmeldung erreichen.
Emma lacht leise. »Keine Ahnung. Am besten fragen wir nach.«
Eine kleine Hütte unterhalb von ein paar riesigen Kiefern dient dem Camp als Anmeldung. Neugierig betreten die sechs Freunde die Hütte.

Ein blonder Mann um die Ende Zwanzig begrüßt die Freunde. »Hallo zusammen, ihr müsst die Sechs aus Bärenklau sein. Habe ich Recht oder habe ich Recht?«
»Sie haben Recht«, erwidert Nils und streckt lächelnd die Hand aus.
»Ich bin Marten, der Campleiter, und heiße euch herzlich willkommen.« Statt Nils die Hand zu reichen, streckt er ihm die Faust hin. »Wir begrüßen uns hier mit einem ›*Fistbump*‹. Kurzer Faust-Check! Das Händeschütteln geht mir so auf die Nerven, dass ich es abgeschafft habe.« Nils schließt seine Hand zu einer Faust und hält sie gegen Martens Hand. »Hallo Marten! Wir freuen uns schon riesig. Wo werden wir wohnen?«
Marten holt einen Plan heraus und zeigt auf eine kleine Zeltstadt. »Ihr habt das Zelt Nummer Sieben, hier ganz am Ende des Camps. Wir haben euch in einem Zelt untergebracht. Ist hoffentlich okay?«
»Klaro!«, sagt Nils mit größtmöglicher Coolness. Dann wendet er sich leise an Emma. »Geil, wir dürfen in einem Zelt schlafen.« Nils versucht, vor Marten nicht all zu viel Begeisterung zu zeigen.
Marten bleibt locker. »Herr Rosenstein hat das extra so gebucht. Und warum sollten wir eine Clique von Freunden auseinanderreißen? Es sind immer Sechserteams in einem Zelt. Es passt also ganz gut.« Marten holt noch einen Plan heraus und reicht ihn Nils. »Hier ist unsere Hausordnung. Die habt ihr ja schon unterschrieben. Frühstück gibt es um acht. Mittagessen um zwölf. Abendbrot um sechs. Noch Fragen?«
»Gibt es vielleicht auch so etwas wie Kaffeetrinken?«, wirft Lucas leise ein.
Marten lacht. »Hast wohl Angst, dass du verhungerst, was?«

Lucas lächelt beschämt.
»Ihr könnt euch gegen drei Uhr nachmittags Kuchen oder Kekse abholen. Aber das ist freiwillig. Alle anderen Essenszeiten sind Pflicht. Wir wollen ja nicht, dass ihr abgemagert wieder nach Hause fahrt«, sagt Marten.
Die Tür öffnet sich und die nächste Gruppe taucht auf zur Anmeldung.
Die sechs Freunde verabschieden sich und verlassen die Hütte wieder. Kaum sind sie draußen, legt Nils einen Freudentanz hin. »Emma, dein Vater ist spitze! Ein Zelt für uns allein. Wahnsinn!«
Thomas ergreift Mias Hand und drückt sie schweigend. Mia blickt ihn von der Seite an.
Sie erwidert seinen Händedruck und lächelt.
Ein ganzer Zug an Schmetterlingen jagt ihr durch den Bauch, als sie an das gemeinsame Eisessen mit Thomas vor ein paar Tagen denkt. Sie war wahnsinnig aufgeregt gewesen und hatte ihr Eis gar nicht richtig genießen können. Aber der anschließende Spaziergang war einfach himmlisch gewesen, denn sie hatte ihren ersten Kuss bekommen. Seitdem schwebt sie auf Wolke Sieben.
Während Nils unaufhörlich plappert, marschieren sie durch das Feriencamp vorbei an neugierigen Jugendlichen, die bereits ihre Zelte bezogen haben.
»Nummer Sieben! Ich finde, wir haben das hübscheste Zelt von allen«, feixt Nils.
Mia lacht auf. »Wie gut, dass wir dich Kasper mitgenommen haben. Das Zelt sieht aus wie jedes andere hier.«
Nils hebt den Arm und lässt ihn durch den Himmel kreisen. »Aber nein, Mia, siehst du nicht den Sternenschweif, der über diesem Zelt schwebt? Es ist der Sternenhimmel der Liebe.«

Emma rümpft die Nase. »Oh Mann, kann mal jemand diesem Schleimer die rosarote Brille entfernen? Das ist ja nicht zum Aushalten.«
Nils macht ein enttäuschtes Gesicht. »Ich bin kein Schleimer. Ich bin romantisch.«
Emma schüttelt lachend den Kopf. »Romantisch? Okay, aber keine Kerzen bitte! Ich möchte dieses wundervolle Zelt der Sternenschweife nicht in Flammen aufgehen sehen. Das würde nämlich bedeuten, dass wir auf die anderen Zelte aufgeteilt werden würden.«
Nils hebt eine Hand. »Guter Einwand. Ich werde die Kerzen im Koffer lassen.«
Sie betreten das Zelt. Es hat einen Vorraum mit einem Schuhregal, in dem Filzpuschen stehen.
»Hausschuhe im Zelt? Total verrückt«, sagt Lucas.
Nils öffnet den Vorhang, nachdem er seine Schuhe aus- und die Hausschuhe angezogen hat, und betritt als Erster den Innenraum. »Wow, das sieht ja toll aus!«
Das Zelt ist mit einem großzügigen Teppich ausgestattet. Drei Feldbetten stehen jeweils an einer Seite.
Am Kopfende sind kleine Schränke.
Eilig flitzt Nils durchs Zelt und wirft seinen Schlafsack auf das letzte Bett. Seine Tasche wirft er auf das Bett daneben. »Reserviert! Für Emma und mich.«
Thomas zwängt sich an Lucas vorbei und stürmt seinem Cousin hinterher. Er wirft seinen Schlafsack auf das letzte Bett auf der gegenüberliegenden Seite und lässt seine Tasche über dem Bett daneben baumeln. »Ebenfalls reserviert.«
»Für mich? Cool!« Lucas drängelt sich an Mia und Amelie vorbei und wirft seinen Schlafsack auf das mittlere Bett.

Amelie schüttelt den Kopf. »Lucas, Lucas, du besitzt echt kein Feingefühl!«
»Besitze ich nicht? Warum?«, fragt Lucas überrascht.
»Das Bett war bestimmt für Mia, nicht für dich«, entgegnet Amelie.
Thomas lächelt gnädig. »Kein Problem. Dann nehme ich das mittlere Bett und Mia das letzte Bett. Lucas, du schläfst am Eingang.«
Lucas schneidet eine Grimasse. »Ich? Warum? Ich will nicht am Eingang schlafen, Mann.«
Thomas stemmt die Hände in die Hüften. »Du willst doch wohl nicht, dass unsere Mädchen am Zelteingang schlafen, oder? Die Jungs schlafen am Eingang. Basta! Schließlich müssen wir das schwache Geschlecht beschützen.«
»Schwach, pah!«, sagt Emma voller Empörung.
Nils hebt seinen Schlafsack an. »Guter Einwand, Cousin! Ich schlafe am Eingang, Emma in der Mitte und Amelie am Ende vom Zelt.«
Thomas räumt sein Gepäck in einen kleinen Schrank, der neben seinem Bett in der Mitte steht, während Mia ihren Schlafsack auf das letzte Bett legt.
»Ich erkunde erstmal die Gegend, wer kommt mit?«, fragt Lucas in die Runde.
Amelie meldet sich. »Ich komme mit.«
Die zwei verlassen das Zelt.
Während Nils und Emma ihre Sachen verstauen, zieht Thomas Mia aus dem Zelt. »Hast du Lust, an den Strand zu gehen?«
»Ja.«
Hand in Hand geht Mia mit Thomas durch die Dünen in Richtung Strand.

»Hoffentlich verlaufen wir uns nicht«, wirft Mia ein. »Es sind ganz schön viele Dünen hier.«

»Sehr viele«, bestätigt Thomas. »Aber ich werde auf dich aufpassen.« Er bleibt plötzlich stehen und zieht Mia im Schutz der Dünen an der Hüfte zu sich. Mit der zweiten Hand streichelt er Mia übers Gesicht.

Tausende von Schmetterlingen machen sich in Mias Kopf und Magen breit. Sie kann kaum noch einen klaren Gedanken fassen.

Wird er sie gleich küssen?

»Du bist so wunderschön!«, sagt Thomas leise. »Ich habe es kaum ausgehalten, zwei Stunden im Auto neben dir zu sitzen, ohne dich anfassen zu dürfen.«

Mia lächelt.

Sagen kann sie nichts.

Sie ist wahnsinnig nervös.

Thomas' Finger gleiten sanft über ihre Haare und über ihre Wange. Mia schaut Thomas in die blauen Augen, dann auf seine vollen Lippen. Und plötzlich sieht sie nur noch Lippen. Und sie will gar nichts anderes mehr, als ihn zu küssen.

Seufzend schließt sie die Augen, als sich Thomas ihrem Gesicht nähert.

Vorsichtig blinzelt sie.

Gleich wird er sie küssen!

Als sich ihre Lippen berühren, durchfährt Mia das schönste Glücksgefühl, dass sie je erlebt hat. Voller Inbrunst drückt sie sich in Thomas' Arme und taucht in den Kuss hinein.

Nach einer halben Ewigkeit lösen sie sich voneinander. Mit glänzenden Augen betrachtet Mia Thomas. »Du hast ganz schön viel Übung im Küssen, was?«

Sie denkt augenblicklich an Toulouse, Thomas" Ex-Freundin.
Thomas winkt ab. »Nur ein bisschen. Aber...«
»Ja?« Mit einem gekonnten Augenaufschlag blickt Mia Thomas an. »Was aber?«
»Aber dieser Kuss eben war der schönste meines Lebens.« Thomas beugt sich erneut vor und küsst Mia in den siebten Glückshimmel.
Als er sich Minuten später von ihr löst, lächelt Mia. Sie strahlt über das ganze Gesicht und während sie Hand in Hand zum Strand schlendern, hat sie das Gefühl zu schweben.

***

»Das Essen ist echt lecker«, schwärmt Amelie und verschlingt den letzten Rest von ihrem Muffin.
»Stimmt. Aber es könnte etwas mehr sein«, grummelt Nils.

»Du bist ja auch ein Vielfraß«, mischt sich Emma lachend ein. »Leute, wisst ihr, dass die ersten zwei Wochen bereits um sind? Wir sind nur noch eine Woche hier.«

»Leider«, sagt Thomas und zieht Mia an sich. Gemütlich sitzen sie vor dem Speisezelt und genießen Kuchen am Nachmittag. Es ist kaum jemand im Camp. Die meisten sind am Strand beim Baden.

»Wir haben doch noch drei Wochen zuhause«, winkt Mia ab. »Da können wir auch so einiges zusammen anstellen.«

»Wie das klingt, Mia«, sagt Emma und prustet los. »Als wenn wir irgendeine Gangstergang wären.«

Mia lächelt. »Nein, das meinte ich nicht.« Glücklich schmiegt sie sich an Thomas.

Mit einem Seitenblick mustert sie ihren Freund. Seit zwei Wochen sind sie nun schon ein Paar und sie hat sich noch nie so glücklich gefühlt.

»Hallo Leute, habt ihr schon euren Eltern geschrieben?«, platzt Marten herein. »Wir haben heute einen Schwung neuer Karten bekommen. Schaut doch mal bei der Anmeldung vorbei!«

»Machen wir«, sagt Nils. »Wir müssen unbedingt noch eine Karte schreiben, sonst flippen unsere Mütter aus. Sie können es gar nicht leiden, wenn wir sie vergessen. Und dann hängt der Haussegen für die nächsten drei Ferienwochen schief. Dann ist es aus mit irgendwelchen Freizeitaktivitäten.«

»Echt?«, hakt Emma nach. »Mein Vater merkt gar nicht, dass ich nicht da bin. Und auf Postkarten ist er auch nicht so wild. Aber ich komme trotzdem mit und werde ihm eine Karte schreiben.«

»Ich war noch nie weg von zuhause«, sagt Mia schulterzuckend. »Ich habe keine Ahnung, ob mein Vater sauer

wäre, wenn ich mich nicht melde. Aber ich schließe mich euch an. Sicher ist sicher.«
Thomas reicht ihr die Hand und hilft ihr auf. Mit einem Satz steht Mia neben ihm, stellt sich auf die Zehenspitzen und gibt ihm einen kurzen Kuss. »Danke sehr!«
»Bitte sehr«, sagt Thomas grinsend.
»Könnt ihr das Knutschen nicht mal lassen?«, beschwert sich Nils halb ernst, halb im Spaß.
Mia verdreht die Augen. »Neidisch?«
Thomas wirbelt Mia herum und gibt ihr absichtlich einen Zungenkuss.
Mia schmilzt dahin.
Sie könnte den ganzen Tag lang nichts anderes machen als Thomas zu küssen. Es fühlt sich phantastisch an. Besser als Schokolade, Geburtstag und Weihnachten zusammen.
Emma lacht, als Nils beim Anblick ihrer knutschenden Freunde stöhnt. »Komm mit, du Griesgram, gehen wir Karten kaufen!«
Mia löst sich von Thomas und zieht ihn hinter sich her. Sie kaufen jeder zwei Karten mit Briefmarken, kritzeln eilig ein paar nette Zeilen auf die Rückseite und überreichen ihre Werke an Marten. »Das ging aber fix!«, sagt dieser überrascht.
»Wir wollen gar keine Zeit verlieren mit dem Pflichtprogramm«, gesteht Nils grinsend.
Marten lacht. »Verstehe. Dann sind das also die wichtigen Karten zur Besänftigung eurer zurückgebliebenen Eltern?«
»Genau«, erwidert Nils und hebt den Daumen. »Und jetzt machen wir eine kleine Fahrradtour. Kommt, Leute!«

***

Mia und Thomas haben ihre Feldbetten ganz dicht aneinander gerückt, um möglichst nah beieinander schlafen zu können.

»Heute Nacht ist es irgendwie dunkler als die letzten Nächte. Stimmt das oder bilde ich mir das nur ein?«, fragt Mia, während sie sich abends im dunklen Zelt ihren Schlafanzug anzieht.

»Du irrst dich nicht, auch wenn wir nicht ganz so weit im Norden sind. In Dänemark und Schweden hast du um diese Zeit richtig helle Nächte«, sagt Thomas.

»Nennt man auch ›*Mittsommer*‹«, sagt Nils.

»Huhuhuuuuuu«, gibt Lucas vor, ein Gespenst zu sein.

»Lucas, lass das! Ich bin nicht gruseltauglich«, sagt Amelie ängstlich.

»Genau. Das hatten wir doch gleich zu Beginn der Reise vereinbart«, sagt Emma vorwurfsvoll.

Lucas hebt im Dunkeln die Arme. »Ist ja gut, Leute. Sorry! Blubbert mich nicht so an! Ich bin ja schon ruhig.«

Mia krabbelt in ihren Schlafsack, öffnet ihn jedoch bis zu den Füßen. Dann robbt sie ganz nah an Thomas Bett heran.

Thomas rückt vor und gibt Mia einen stillen Kuss, während eine Hand unter ihr Oberteil gleitet.

Genießerisch schließt Mia die Augen.

Thomas Fingerspitzen fühlen sich so wahnsinnig gut an. Leise seufzend rutscht Mia näher an Thomas heran.

Zärtlich streichelt Thomas über Mias Brüste.

»Ihr seid doch wohl nicht schon wieder am Rummachen, oder?«, wispert Nils leise und stöhnt genervt.

Thomas fährt hoch. »Vielleicht könntest du langsam mal deine Klappe halten, Alter? Wenn es dich stört, dann setz dir Kopfhörer auf und hör Musik!«

»Gute Idee«, sagt Nils. Er schaltet sein Handy an und seine kleine Musikbox. »Darf es auch ein Hörspiel sein?«
»Oh ja«, sagt Emma begeistert.
»Ich bin auch dafür«, sagt Lucas leise.
»Dürfen wir das überhaupt?«, fragt Amelie nervös. »Das nächste Zelt ist schließlich keine fünf Meter weit weg.«
»Keine Sorge, Schwesterherz«, sagt Nils, »wenn du genau hinhörst, hörst du, dass die anderen auch leise Musik hören.«
»Jetzt schalte was an und stör uns nicht weiter«, knurrt Thomas. Verärgert legt er sich wieder hin.
Mia kichert leise.
Einen Augenblick lauschen sie der Geschichte, dann gleiten Thomas' Hände wieder unter Mias Oberteil. Eine Weile streicheln sie gegenseitig ihre Oberkörper und küssen sich, bis Thomas seine Hände in Mias Pyjamahose gleiten lässt.
Im ersten Moment ist Mia ein wenig erschrocken, doch der Schauer, den Thomas' Berührungen in ihr auslösen, ist so unglaublich, dass sie nur kurz zurückzuckt.
»Entschuldige! Ich bin zu schnell«, sagt Thomas und zieht sich zurück.
Mia ergreift seine Hände. »Ich war nur nicht darauf vorbereitet. Mach bitte weiter! Es ist herrlich.«
»Du bist so weich und zart«, flüstert Thomas leise.
Mia schließt die Augen.
Seine Hände berühren ihre Scheide.
Tief atmet Mia ein und wieder aus.
Nach einer Weile nimmt Mia all ihren Mut zusammen und lässt auch ihre Hand in Thomas' Hose gleiten. Noch nie zuvor hat sie einen Penis in der Hand gehalten und ist ganz überrascht, wie groß und hart er ist.

Mia spielt an Thomas' Penis herum und entlockt ihm ein leises Stöhnen.
»Macht bitte keine Kinder«, ertönt Nils genervte Stimme.
Thomas grunzt. »Wenn du nicht gleich die Klappe hältst, Nils, bist du die längste Zeit mein Cousin gewesen.«
»Ist ja schon gut, Mann. Beruhig dich! Bin ja schon still«, erwidert Nils.
Mia und Thomas unterbrechen ihre Zärtlichkeiten für eine Weile. Irgendwann hören sie schließlich sanftes Schnarchen.
»Alle schlafen!«, sagt Thomas leise.
»Ja, endlich«, sagt Mia und gibt Thomas einen Kuss.
»Komm her zu mir!«, fordert Thomas sie auf.
Mia rutscht über die beiden Bettkanten und schlüpft unter Thomas geöffneten Schlafsack.
»Ich liebe dich«, sagt Thomas plötzlich.
Mia lächelt.
Ja, so muss sich Liebe anfühlen!
Man will ständig nur noch mit dem anderen zusammensein und kann keine Minute ohne ihn ertragen. Und man will sich ständig küssen und aneinander herumspielen.
»Ich liebe dich auch«, sagt sie leise.
Eine Weile küssen und kuscheln sie noch miteinander, dann schlafen sie Arm in Arm ein.

Heimkehr

»Kann ich das Feriencamp auch für mich und meine Frau buchen?«, fragt Hans Wietmüller, als er kommt, um die sechs Freunde abzuholen. »Mensch, ihr seht ja rundum glücklich aus. Wahnsinn!« Er drückt seinen Sohn kurz an sich.
Thomas lächelt beschämt. »Wir sind auch glücklich, Papa. Das Camp war phantastisch.«
»Offenbar nicht nur das Camp«, bemerkt Thomas' Vater mit einem fetten Grinsen im Gesicht und einem Seitenblick auf Mia.
Nils dreht sich zu Emma um. »Phantastisch waren wohl eher seine Fummeleien mit Mia«, sagt er leise.
Emma boxt ihm entrüstet gegen den Oberarm. »Du bist unmöglich.«
»So, dann packt mal eure Sachen ein! Auf geht's nach Hause«, sagt Thomas' Vater, der Nils Bemerkung absichtlich ignoriert hat.
Fast ein wenig wehmütig werfen die Freunde einen letzten Blick auf das Camp und steigen in den Transporter. Recht schweigend sitzen sie in Zweiergrüppchen auf den Rückbänken und hängen ihren eigenen Gedanken nach.

Als Thomas' Vater vor Mias Haus hält, steigt Thomas mit aus. Er reicht Mia die Tasche und zieht sie noch einmal in seine Arme. Mit einem langen, intensiven Kuss verabschiedet er sich von Mia.

»Junge Liebe!«, sagt Thomas' Vater ganz verträumt, bevor er Gas gibt und davonbraust.

Seelig seufzend blickt Mia ihrem Freund hinterher und geht schließlich ins Haus. »Hallo, ich bin wieder da!«, ruft sie.

Niemand antwortet.

Mia guckt ins Wohnzimmer.

Es ist leer.

Durch die Terrassentür sieht sie, dass ihre Eltern draußen im Garten sitzen. Auch Fridolin, ihr Pinguin, und Fritz, ihr Uhu, sind auf dem Rasen und spielen miteinander.

»Hallo Papa, hallo Sophie! Ich bin wieder da«, sagt Mia mit gemischten Gefühlen. Am liebsten würde sie wieder zurückfahren, sie vermisst Thomas jetzt schon. Auf der anderen Seite freut sie sich auch, wieder zuhause zu sein.

»Mia, Süße!« Sophie springt auf und umarmt ihre Stieftochter.

Mias Papa bleibt stocksteif auf seinem Platz sitzen.

»Willst du mich gar nicht begrüßen, Papa?«, fragt Mia verwundert.

Tom Maibaum grunzt verärgert. Mit verschränkten Armen sitzt er am Tisch und starrt vor sich hin. »Ich glaube, du hast heute schon genug Leute umarmt.«

»Ist meine Karte angekommen?«, fragt Mia verwirrt.

Sie versteht die Welt nicht mehr.

Was hat ihr Vater bloß?

»Ja. Gestern. Danke!«, sagt Sophie lächelnd.

»Drei Zeilen«, sagt Mias Papa. »Mehr Zeit hattest du wohl nicht, was? Naja, kein Wunder. Du hattest ja auch mit Knutschen zu tun.«

»Was?« Entsetzt schaut Mia ihren Papa an.

Hat ihr Vater etwa gesehen, wie sie sich von Thomas verabschiedet hat?

Plötzlich fühlt sie sich wie eine Verbrecherin, dabei war es bis eben noch ein unglaubliches Gefühl gewesen, so verliebt zu sein.

»Tom! Du übertreibst maßlos«, maßregelt Sophie ihren Mann.

Tom Maibaum schaut seine Frau griesgrämig an. »Mia ist dreizehn, keine achtzehn. Das, was ich eben gesehen habe, gefällt mir gar nicht. Küsst euch auf offener Straße, als wärest du irgendeine dahergelaufene…« Mias Papa macht eine ausholende Bewegung.

»Tom!«

»Ich hasse dich!«, ruft Mia und bricht in Tränen aus.

Wütend läuft sie ins Haus und hinauf in ihr Zimmer.

Warum ist ihr Vater so blöd?

Sie ist verliebt.

Ist das etwa verboten?
Und ja, sie hat Thomas geküsst. Und mehr noch. Wenn ihr Vater wüsste, dass sie sogar mit Thomas Petting[1] hatte, dann würde er sie vermutlich einsperren.
Weinend sitzt Mia in ihrem Zimmer und ist der unglücklichste Mensch der ganzen Welt.

***

Eine gefühlte Ewigkeit später klopft es an ihrer Tür.
Mia reagiert nicht.
»Mia! Öffne die Tür!«, ruft Mias Papa.
»Lass mich in Ruhe!«, ruft Mia zurück.
»Mia, nun öffne bitte die Tür!«, sagt Sophie etwas einfühlsamer.
Genervt steht Mia auf und öffnet die Tür. »Was wollt ihr?«
»Es tut Papa leid, dass er vorhin bei der Begrüßung so doof war«, sagt Sophie und lächelt aufmunternd.

Mia blickt zu ihrem Vater, doch der sieht gar nicht so aus, als wenn ihm irgendetwas leid täte.
»Wie siehst du überhaupt aus? Bist du geschminkt?«, raunzt ihr Papa sie an.
Mia runzelt die Stirn. Bisher hatte ihr Papa

---

[1] Petting = Liebkosung des Körpers ohne Geschlechtsverkehr.

nicht einmal bemerkt, dass sie sich seit dem Schminkkurs mit der *YouTuberin* Bibbi schminkt.

Bevor irgendjemand reagieren kann, platzt Mias Papa heraus. »Du bist dreizehn und keine achtzehn. Du knutscht dich mit niemandem herum! Und schon gar nicht mit Thomas! Und erst recht nicht auf offener Straße! Was sollen denn die Leute denken? Und als nächstes bist du schwanger, oder was? Nee, nee, meine Liebe, du hast auf unbestimmte Zeit Hausarrest und schminken tust du dich auch nicht mehr!«

Vollkommen geschockt blickt Mia ihren Vater an.

Dieser macht auf dem Absatz kehrt und stapft wütend davon. Auf halber Treppe dreht er sich noch einmal um. »Ach ja, und weder Thomas, noch sonst irgendein Junge hat hier in diesem Hause Zutritt. Jungsverbot! Verstanden?« Mias Papa entfernt sich verärgert.

Erschrocken atmet Mia ein. »Er macht nicht den Eindruck, als wenn ihm irgendetwas leid tun würde«, sagt sie leise zu Sophie.

Sophie schaut ihrem Mann verwundert hinterher. »Merkwürdig! Was ist nur mit deinem Vater los? So habe ich ihn noch nie erlebt.«

»Er ist total blöd«, sagt Mia und schon wieder laufen ihr die Tränen die Wange hinunter.

Sophie umarmt Mia und streichelt über ihren Kopf. »Er ist eifersüchtig.«

»Mir egal. Er macht alles kaputt«, sagt Mia traurig.

»Bist du mit Thomas zusammen?«, fragt Sophie.

Mia löst sich von ihrer Stiefmutter. »Natürlich. Oder dachtest du, ich küsse jeden?«

Sophie lacht leise. »Nein, nein.« Sie küsst Mia aufs Haar. »Die erste große Liebe ist etwas ganz Besonderes. Ich rede mit Papa.«

Mia wischt sich über die Wange. »Darf ich nochmal zu Emma, auch wenn ich Hausarrest habe?«
Sophie nickt. »Ja. Aber um acht bist du zuhause.«

***

Wie eine Verbrecherin fühlt sich Mia, als sie wenige Minuten später aus dem Haus schleicht.
Eilig rennt sie durchs Dorf.
Als ihr Handy piept, bleibt sie kurz stehen und schaut aufs Display.

›Bin gleich am Treffpunkt. ILD♥, Thomas‹

Mia lächelt.
»Ich liebe dich auch«, sagt sie seufzend und tippt die Nachricht ins Handy.
Dann wählt sie Emmas Nummer.
»Hi, Mia! Na, wie war das Nachhausekommen? Fühlst du dich auch so einsam ohne die anderen?«, begrüßt Emma sie gleich nach dem zweiten Klingeln.
Mia verdreht die Augen. »Ja, und wie! Und das Nachhausekommen war schrecklicher als schrecklich. Mein Vater ist total ausgeflippt.«
»Warum?«, fragt Emma überrascht.
»Sophie sagt, er ist eifersüchtig. Er hat Thomas und mich gesehen. Wie wir uns zum Abschied geküsst haben«, führt Mia weiter aus.
Emma seufzt. »Du Ärmste! Da ist mein Paps zum Glück total entspannt.«

»Wollen wir tauschen?«, fragt Mia und lacht.
Emma grunzt. »Bloß nicht. Vermutlich hat dir dein Vater auch gleich tausend Verbote erteilt, was?«
«Woher wusstest du das?« Mia läuft die Straße hinunter und biegt nach links auf einen Feldweg ein. Sie läuft zum Wald und nähert sich den Felsen, wo sie sich mit Thomas treffen will.
»Ich habe geraten. Du klingst extrem unglücklich«, verrät Emma.
»Ich bin extrem unglücklich. Er hat mir gesagt, dass ich mich nie wieder schminken darf. Jungs darf ich auch nicht mit nach Hause bringen. Ach ja, und ich habe Hausarrest.«
»Darum läufst du auch durch Bärenklau, oder?«, sagt Emma grinsend.
»Kannst du hellsehen?«, fragt Mia überrascht.
»Nee. Aber das war naheliegend. Typisch Väter! Denken, ihre Töchter könnten nur im eigenen Haus schwanger werden. So ein Oberblödsinn! Sex können wir überall haben.«
»Stimmt«, sagt Mia und muss grinsen. Sie bleibt kurz stehen, weil sie aus den Augenwinkeln etwas Rotes aufleuchten sieht. Sie dreht sich um und sieht ein Pärchen im hohen Gras.
Mia beobachtet das Pärchen für einen kurzen Moment. Staunend stellt sie fest, dass das Boris Brotmayer und Bella Lustig aus ihrer Klasse sind.
»Wusstest du, dass Boris und Bella ein Paar sind?«, fragt Mia leise. Auf Zehenspitzen schleicht sie in die entgegengesetzte Richtung davon.
»Nein, wie kommst du denn darauf? Ich meine, Boris ist der Mädchenschwarm der ganzen Schule. Er sieht ja auch echt gut aus mit seinen braunen Haaren und den braunen Augen…«

»Du findest ihn hübsch?«, platzt Mia heraus.
»Ja. Und wie!«, sagt Emma seufzend.
»Ich dachte, du bist mit Nils zusammen.«
»Nun ja, wir mögen uns sehr. Aber wir sind nicht so umwerfend verliebt wie du und Thomas. Oder hast du uns schon mal knutschen gesehen?«, fragt Emma.
»Nee. Stimmt.«
»Wo bist du jetzt?«, fragt Emma neugierig.
Mia erreicht den Felsen. »Am Affenfelsen. Ich treffe mich gleich mit Thomas.«
»Siehst du«, ruft Emma begeistert aus, »ihr zwei seid so süß verliebt, dass ihr es keine zwei Stunden ohne einander aushaltet. Das ist bei mir und Nils anders. Ich bin froh, wenn ich mal meine Ruhe habe. Warum trefft ihr euch nicht im Jugendclub?«
Mia schnalzt mit der Zunge. »Im Jugendclub? Niemals. Da könnten wir doch gar nicht so miteinander knutschen wie hier am Affenfelsen.«
»Verstehe. Und ich schätze, nun brauchst du meine Schützenhilfe?«, fragt Emma.
Mia setzt sich auf den Felsen und hält ihr Gesicht in die Nachmittagssonne. »Wie meinst du das?«
»Falls dein Vater anruft, soll ich doch bestimmt sagen, dass du bei mir bist, oder? Schließlich hast du offiziell Hausarrest.«
»Du würdest für mich lügen?«, fragt Mia überrascht.
»Na logo! Du bist meine beste Freundin. Dein Seelenglück ist auch mein Seelenglück. Ich lasse dich doch nicht im Stich, wenn dein Vater so bescheuert ist«, sagt Emma im Brustton der Überzeugung.
»Emma…«, sagt Mia voller Liebe für ihre Freundin, »we are best friends forever.«

»Aber so was von! So, und nun hab viel Spaß mit deinem Thomas. Bis später«, sagt Emma.
»Danke! Bis später.« Mia steckt das Handy wieder weg.
»Hi!«
Mia blickt auf.
Thomas' noch leicht nasser Blondschopf leuchtet in der Sonne, die vom wolkenlosen Himmel scheint. Er hat offenbar geduscht und sich umgezogen.
Ein Lächeln breitet sich in seinem Gesicht aus, bevor sich Mia auf ihn stürzt.

Wie Ausgehungerte küssen sie sich und kriegen nichts mehr um sich herum mit.
Nach einer ganzen Weile blickt Thomas sie an. »Als ich mit Toulouse zusammen war, dachte ich, das ist die ganz große Liebe. Aber das stimmte nicht. Ich habe noch nie so gefühlt wie für dich. Du bist das schönste, klügste und

tollste Mädchen der ganzen Welt. Ich liebe dich wie verrückt.«

Mia gibt Thomas einen schnellen Kuss. »Ich liebe dich auch«, sagt sie und fängt plötzlich an zu weinen.

Bestürzt ergreift Thomas ihr Gesicht. »Oh Gott, Mia! Was ist los? Was hast du?«

Schluchzend wirft sich Mia in seine Arme. »Mein Vater ist total ausgeflippt«, berichtet sie unter Tränen.

Tröstend streichelt Thomas ihr über den Rücken. »Warum? Wegen der blöden Ansichtskarte?«

Mia schüttelt den Kopf.

Schniefend lässt sie sich ein Taschentuch reichen.

Sie putzt sich die Nase und wischt sich über die Augen. »Er hat uns gesehen. Wie wir uns geküsst haben zum Abschied.«

Thomas verdreht die Augen. »Und deshalb macht er so einen Affentanz?«

»Er hat mir Hausarrest erteilt. Und ich darf mich nie wieder schminken und Jungs darf ich auch nicht mit nach Hause bringen. Dich schon gar nicht«, erzählt Mia stockend.

»Wieso nicht? Schwanger werden kannst du auch woanders«, platzt Thomas heraus. Er lacht leise auf, wird dann aber wieder ernst.

Mia schnauft. »Das hat Emma auch schon gesagt.«

»Schlaue Freundin!« Thomas umarmt Mia. »Komm her, meine Süße! Meine Eltern freuen sich, wenn du zu Besuch kommst.«

Mia hält Thomas auf Abstand. »Ehrlich?«

Thomas nickt. »Ja.«

»Wissen sie etwa, dass wir…« Mia fuchtelt mit der Hand in der Luft herum.

»Dass wir zusammen sind?«, hilft Thomas ihr aus.

Mia nickt.

»Ja. Ich habe ihnen erzählt, dass du meine Freundin bist. Und dass ich dich sehr liebe.«

Erstaunt betrachtet Mia ihren langjährigen Klassenkameraden, in den sie sich nach all den Jahren der Feindschaft so Hals über Kopf verliebt hat. »Du erstaunst mich immer wieder.«

»Meine Eltern finden das niedlich. Und dich finden sie sowieso eine tolle Wahl«, sagt Thomas stolz. »Schließlich gehörst du zu den Klassenbesten. Das ist für meinen Vater das Allerwichtigste.«

Mia wirft den Kopf in den Nacken und lacht. »Was für ein Kriterium, um gut bei den Eltern seines Freundes anzukommen! Die Schulnoten!«

Thomas grinst. Dann beugt er sich vor und küsst Mia die letzten Tränenspuren weg. »Und nun wein nicht mehr! Wir finden eine Lösung. Und wenn ich dich entführen muss.«

Mia gluckst. »Das würdest du tun?«

»Natürlich. Für dich würde ich alles tun«, sagt Thomas und drückt Mia ganz fest an sich.

Überraschungsbesuch

Dingong - es klingelt an der Haustür. Mia geht hin und öffnet.

»Mama!«
Wie vom Donner gerührt starrt Mia ihre Mutter an, die mit einem verschämten Grinsen vor der Tür steht.
»Hallo Mia! Wie geht es dir?«
Mia schlägt die Haustür zu. Schwer atmend lehnt sie sich gegen das kalte Holz.
Du meine Güte, wie lange ist es her, dass sie ihre Mutter gesehen hat, überlegt sie. Sechs Jahre?
»Mia, mein Schatz, was ist los? Du siehst aus, als wenn du ein Gespenst gesehen hast««, sagt Mias Papa vergnügt.

Seitdem Thomas einen großen Bogen um das Haus macht und Mia nur noch so tut, als wenn sie sich ausschließlich mit ihren Freundinnen trifft, ist er ziemlich gut gelaunt. Aber eigentlich ist die Stimmung im Hause Maibaum eher zum Zerreißen gespannt. Und beim kleinsten Übertritt der Regeln würde es vermutlich laut explodieren.
Sophie und Stella bleiben auf der Treppe stehen.
»Mama…«, schnauft Mia atemlos.
Sophie lächelt. »Ja, mein Schatz, was gibt's?«
Mia schüttelt den Kopf und zeigt nach draußen. »Nicht du! Ich meinte meine richtige Mama…also, die da draußen!«
Das breite Grinsen verschwindet aus Tom Maibaums Gesicht. Er schließt kurz die Augen, dann atmet er tief durch. Sehr tief. »Linda? Meine Ex-Frau, die sich deine Mutter schimpft?«
Mia nickt.
Tapfer beißt Mias Papa die Zähne zusammen, geht zur Tür und öffnet sie. »Hallo Linda! Ich schätze, du warst zufällig gerade in der Gegend und wolltest nur mal ganz kurz vorbeischauen?«
Linda Baumgart, wie Mias leibliche Mutter seit der Scheidung von Mias Papa heißt, räuspert sich ängstlich. »Ich weiß, ich habe lange nichts von mir hören lassen und…«
»Du hast lange nichts mehr von dir hören lassen?«, platzt Mias Papa lauthals heraus. Hämisch lacht er auf. Er nimmt seine Finger zur Hilfe und zählt. »So ungefähr sechs Jahre lang?«
Erschrocken zuckt Mia zusammen. Sie hat ihren Vater noch nie so biestig reden gehört. Nicht einmal, als er ihr wegen des Abschiedskusses mit Thomas so eine Szene gemacht hat.

Wütend stemmt er die Hände in die Hüften. »Das, liebe Linda, ist jawohl die Untertreibung des Jahrtausends! Du hast dich vor über sechs Jahren aus dem Staub gemacht und ganze zwei Postkarten geschrieben. Du hast weder angerufen, noch hast du dich nach dem Befinden deiner Tochter erkundigt. Und weißt du was? Jetzt kannst du uns mal an die Füße fassen. Tschüß!« Tom Maibaum schmeißt die Tür mit so viel Karacho ins Schloss, dass sie fast aus den Angeln fällt.
Stella ist so geschockt, dass sie augenblicklich anfängt zu weinen. Aber das bemerkt Mias Papa nicht. Wütend läuft er die Treppe nach oben und schreit aus Leibeskräften.
»Aaaaaaaah!«
Dann flitzt er die Treppe wieder herunter, schnappt sich seine Turnschuhe und rennt aus dem Haus. Er läuft an Mias Mutter vorbei und ignoriert weitere Kontaktversuche.
Sophie nimmt Stella auf den Arm und versucht, sie zu beruhigen. Dann öffnet sie die Haustür und wendet sich an Mias Mutter. »Möchten Sie vielleicht hereinkommen?«
Unsicher blickt Linda Baumgart zwischen Mia und Sophie hin und her. »Ich schätze, ich komme ungelegen.«
»Vielleicht wäre es tatsächlich günstiger gewesen, wenn Sie sich vorher telefonisch angemeldet hätten«, sagt Sophie höflich.
Mia grunzt. »Vielleicht wäre es besser gewesen, wenn du einfach in Afrika geblieben wärest. Sechs Jahre lang hast du dich weder zu meinem Geburtstag, noch zu Weihnachten gemeldet. Jetzt brauche ich dich auch nicht mehr.«
Zornig stapft Mia in Hausschuhen an ihrer Mutter vorbei und rennt zu Thomas, der nur zwei Straßen weiter wohnt. Noch reichlich aufgewühlt drückt sie auf die Klingel.

Nervös tänzelt sie von einem Bein aufs andere, bis jemand die Tür öffnet.
»Mia! Komm doch herein!«, sagt Thomas' Mutter lächelnd.
»Danke!« Mia schlüpft an ihr vorbei. »Hallo Frau Wietmüller!«
»Thomas ist oben in seinem Zimmer.«
Mia zieht die dreckigen Hausschuhe aus und läuft die Treppe hinauf. Sie klopft kurz an Thomas' Zimmertür und tritt dann ein.
Thomas lümmelt auf seinem Sofa und spielt auf dem Handy.
»Hi!«, ruft er überrascht und wirft das Handy von sich. »Was machst du denn hier?«
Mia atmet erst einmal tief durch. »Ich musste einfach zu dir kommen.«
Thomas ergreift ihre Hand und zieht sie aufs Sofa. »Du siehst ja schrecklich aus. Was ist passiert?« Zärtlich streichelt er über ihre Hände. »Hat dein Vater schon wieder Stress gemacht?«
Mia atmet noch einmal tief durch. Dann schüttelt sie den Kopf. »Sie stand einfach vor der Tür. Unangemeldet«, plappert sie drauflos, ohne auf Thomas' Frage einzugehen. »Sechs Jahre lang hat sie sich nicht gemeldet. Ich war ihr total egal. Und jetzt steht sie einfach vor der Tür und lächelt, als wenn nie etwas gewesen wäre.«
Verunsichert schaut Thomas sie an. »Ich verstehe gerade kein Wort. Von wem sprichst du?«
Mia wischt sich eine Träne aus den Augenwinkeln. »Meine Mutter. Linda Baumgart. Die Ex-Frau meines Vaters. Meine Erzeugerin. Mutter? Mama? Keine Ahnung, wie ich sie nennen soll. Sie stand plötzlich einfach vor der Tür.«

Thomas rutscht näher an Mia heran. Liebevoll streichelt er über Mias Wange. »Hat sie nicht einmal vorher angerufen?«

Mia schüttelt den Kopf. Mühsam hält sie die Tränen zurück. »Ich kann mir gar nicht erklären, warum mich das so aufwühlt. Mein Herz rast. Ich zittere am ganzen Körper. Es fühlt sich schrecklich an.«

Mitleidsvoll nimmt Thomas sie in den Arm. Thomas' warmer Körper ist wie ein Schutzwall. Sie drückt sich ganz fest in seine Arme und lässt die aufgestauten Tränen fließen.

Leise schluchzt Mia vor sich hin. Schließlich angelt sie nach einem Taschentuch und trocknet sich die Tränen. »So eine blöde Kuh! All die Jahre habe ich darauf gewartet, dass sie sich meldet. Jetzt brauche ich sie auch nicht mehr. Ich bin jetzt fast erwachsen.«

Thomas nickt ernst, dann grinst er plötzlich.

»Was ist daran so komisch?«, fragt Mia pikiert.

»Du könntest sie prima einsetzen, damit sie ein gutes Wort für mich bei deinem Vater einlegt. Schließlich darf ich euer Haus nicht betreten«, antwortet Thomas. »Oder hat sich der Sturm gelegt?«

Mia schüttelt den Kopf. »Nein. Mein Vater ist zwar momentan super gelaunt, aber das auch nur, weil er glaubt, dass ich mich von jeglichen Jungs losgesagt habe.«

»Idiot!«, rutscht es Thomas heraus. »Entschuldige!«, sagt er gleich darauf.

Mia lächelt. Dann gibt sie ihm einen Kuss auf die Nasenspitze. »Du musst dich nicht entschuldigen. Mein Vater benimmt sich ja wirklich wie ein Idiot. Dabei dachte ich immer, er sei der tollste Vater der Welt. Das Zertifikat hat er leider wieder abgeben müssen.«

»Ich weiß, du bist nicht sonderlich scharf darauf, deine leibliche Mutter zu sehen, aber sie könnte uns vielleicht wirklich helfen«, bohrt Thomas hoffnungsvoll weiter.
»Du meinst, du willst mich bei mir zuhause schwängern und nicht sonst irgendwo?«, feixt Mia und lacht laut auf.
Thomas lacht mit. »Genau. Dann wissen wir wenigstens, wo wir unsere kleine Mia gezeugt haben.«
»Vielleicht wird es auch ein kleiner Thomas.« Mia lächelt, dann wird sie wieder ernst. »Apropos, schwanger werden…Emma macht eine Übernachtungsparty. Nächstes Wochenende.«
»Ein Mädelsabend?«, hakt Thomas nach.
Er wagt gar nicht daran zu denken, dass er eine weitere Nacht mit Mia zusammen verbringen könnte.
Mia lächelt geheimnisvoll. »Jungs sind zugelassen. Emma hat ihrem Papa und Oma Kassy von der Reaktion meines Vaters erzählt. Und das hat ihn so geschockt, dass er spontan eine Übernachtungsparty im Gewächshaus eingeläutet hat. Mit Jungs und Mädchen. Und einem Haufen Kondome. Er meinte, junge Menschen sollen sich amüsieren und die Liebe genießen, solange sie das können.«
»Echt? Alter! Was für ein cooler Vater! Naja, Emma ist ja auch ganz cool«, wirft Thomas ein.
»Muss ich mir Sorgen machen?«, fragt Mia fast ein wenig ängstlich. Der kleine Stich in ihrer Brust fühlt sich gar nicht gut an. Wenn das Eifersucht ist, ist das ein hässliches Gefühl.
Thomas verdreht die Augen. »Niemals! Ich bin doch nicht in Emma verliebt. Aber sie ist cool. Sie ist eben deine Freundin.« Thomas grinst bis über beide Ohren. »Eine Nacht mit der schönsten Frau des Universums.«
»Ach echt? Mit wem gehst du hin?«, neckt Mia ihren Freund.

Thomas kitzelt Mia durch, bis sie um Gnade winselt.
»Mir dir natürlich, du doofe Nuss!« Thomas stürzt sich auf Mia und küsst sie inbrünstig, bis sie beide alles um sich herum vergessen.

***

»Party!«, ruft Emma und legt einen Tanz hin.
Amelie und Mia lachen leise.
Oma Kassy stellt noch ein paar Getränke neben die Muffins und Chipspackungen und zwinkert Mia zu. »Sind die Jungs noch gar nicht da?«
»Die kommen gleich«, sagt Mia. Und noch während sie das sagt, macht ihr Herz einen Freudensprung. Gleich darauf errötet sie heftig.
Oma Kassy zwinkert ihr zu. »Junge Liebe ist sooo süß. Mia, genieße die Zeit! Sie kehrt nie wieder zurück.« Dann deutet sie auf eine kleine Schatztruhe. »Aber vergesst die hier nicht!«
»Sehr aufbauend, Oma«, mischt sich Emma ein und rollt mit den Augen. »Was ist in der Schatztruhe?«
»Glaube mir, Emma-Maus, ich bin schon über sechzig. Ich muss das wissen. Die Gefühle, die man als Teenager hat, sind so intensiv, wie du sie nie wieder spüren wirst. Es ist eine phantastische Zeit. Im nächsten

Leben werde ich so richtig die Sau rauslassen, wenn ich jung bin«, sagt Oma Kassy lachend. »Und bis dahin, müsst ihr das für mich übernehmen. In der Schatztruhe sind Kondome. Bitte benutzt sie! Safer Sex ist wichtig.«
»Ich dachte, du hast bereits in diesem Leben die Sau rausgelassen«, witzelt Emmas Papa. Lachend stellt er eine alkoholfreie Fruchtbowle auf den Tresen.
»Habe ich das, mein lieber Schwiegersohn?«, fragt Oma Kassy und zwinkert den Mädchen zu, »aber verratet es nicht weiter!«
Emmas Papa tut so, als wenn er seinen Mund abschließt. »Ich schweige wie eine Geldkassette.«
Mia lacht auf. »Geldkassetten können schweigen?«
»Oder reden?«, ertönt Thomas' Stimme.
Mia springt auf und rennt ihrem Freund in die Arme. »Thomas! Da bist du ja!«
Thomas fängt sie lachend auf und wirbelt sie herum. »Ja. Heute wird das Tanzbein geschwungen.«
Er zieht Mia etwas beiseite. »Mein Vater hat uns viel Spaß gewünscht und mir gleich das hier in die Hand gedrückt.«
Er zeigt auf drei flache, eckige Packungen, die er aus seiner Hosentasche angelt.
»Was ist das?«, fragt Mia leise.
Thomas verdreht die Augen. Dann grinst er. »Kondome«, flüstert er Mia ins Ohr.
»Die hat Oma Kassy auch schon in der Schatztruhe bereitgestellt«, sagt Mia grinsend. »Aber brauchen wir die heute schon?«
Thomas steckt sie wieder weg. »Offenbar sind die Erwachsenen der Meinung, wir sollten ein bisschen aufpassen, damit wir sie nicht jetzt schon zu Oma und Opa machen.«

Mia stöhnt leise. »Oder zur Ur-Oma, wie in Oma Kassys Fall.«

»Hallo alle zusammen«, ruft Nils ausgelassen. Er tanzt Emma an und überreicht ihr einen Kindersekt. »Mit lieben Grüßen von meinen Müttern. Wir sollen keinen Alkohol trinken, sonst tanzen wir noch auf den Tischen.«

»Keine Sorge«, sagt Emma, »mein Vater hat nichts gegen Sexorgien, aber Alkohol ist verboten.«

Oma Kassy dreht sich entrüstet zu ihrer Enkelin herum. »Emma! Du bist noch unmöglicher als ich.«

»War nur ein Spaß, Oma«, winkt Emma ab.

»Was ist eine Sexorgie?«, will Amelie wissen.

»Das erkläre ich dir, wenn du groß bist, Schwesterherz«, sagt Nils.

»Amelie, das sind mehrere Menschen, die sich treffen, um gemeinsam ganz viel Sex zu haben«, sagt Lucas. »Hallo Leute!«

Amelie verdreht die Augen. »Sex? Wir sind zu jung für Sex.«

»Das kann nur jemand sagen, der nicht verliebt ist«, flüstert Thomas Mia ins Ohr.

Mia lächelt.

Sie findet es auch toll, mit Thomas Sex zu haben. Ob sie allerdings schon so weit ist, mit ihm zu schlafen, weiß sie noch nicht. Glücklicherweise drängt Thomas sie auch nicht.

»Heute wird erstmal gefeiert! Und darum drehen wir auch jetzt die Musik auf und tanzen«, ruft Emma und wirbelt durch den Raum.

Ausgelassen tanzen die andern mit.

Still schleichen sich Emmas Papa und Oma Kassy aus dem Gewächshaus und lassen die jungen Leute allein.

Die sechs Freunde tanzen, bis sie der erste Hunger überfällt. Dann plumpsen sie lachend auf die vielen Sitzgelegenheiten, die das Gewächshaus zieren.

»Mann, habe ich Kohldampf!«, ruft Nils ausgelassen. Er schnappt sich eine Schüssel mit Chips und stopft sie in sich hinein.

»Nils, du isst wie ein Schwein«, beschwert sich Emma und lässt ihn alleine auf dem Sofa sitzen. Stattdessen schnappt sie sich etwas Schokolade und klettert in ihren geliebten Hängesessel.

»Wie soll ich dich küssen, wenn du da oben sitzt?«, sagt Nils vorwurfsvoll.

»Gar nicht«, sagt Emma mit ernster Miene.

»Warum? Ich dachte, wir sind ein Paar!« Perplex schaut Nils sie an.

Emma zögert.

Trotz der tollen Musik scheint die Stimmung augenblicklich zu kippen.

Thomas springt auf. Ausgelassen reißt er die Sektflasche auf und schenkt das alkoholfreie Gesöff in die Gläser.

»Leute, heute wird gefeiert, nicht gestritten. Ich will einen bombastischen Abend haben.«

»Du meinst, du willst die Schatztruhe von Oma Kassy leeren«, blubbert Nils seinen Cousin an.

Thomas wirft einen neugierigen Blick in die Schatztruhe.

»Wow! Das sind ja viele Kondome. Alter!« Er lacht laut auf. »Um die zu leeren, brauche ich aber länger als eine Nacht. Mia, hast du Zeit?«

Mia grinst. Sie steht auf und hält Thomas die Hand hin. »Habe ich. Aber vorher will ich noch mit dir tanzen.«

»Das lässt sich einrichten«, erwidert Thomas und ergreift Mias Hand.

Es kracht

»Und? Habt ihr es getan?«, fragt Emma neugierig. Sie nippt an ihrem Fruchtcocktail und lässt ihre Beine aus dem Hängesessel baumeln.
Mia schüttelt den Kopf. »Nein. Ich habe mich nicht getraut.«
»War auch nicht romantisch genug im Gewächshaus«,

gibt Emma zu.
»Romantisch war es wirklich nicht. Aber aufregend«, gesteht Mia.
»Das freut mich für dich«, sagt Emma seufzend.
»Was ist los?«, fragt Mia misstrauisch. »Du bist doch sonst so voller Energie. Hat es mit Nils zu tun? Habt ihr euch gestritten? Oder will er mehr als du?«

»Bingo«, sagt Emma. »Ich habe ihn wirklich total lieb. Nils ist wie ein Bruder für mich.«
»Aber Brüder küsst man nicht«, wirft Mia ein.
Emma schneidet eine Grimasse. »Richtig.«
»Warum redest du nicht mit ihm? Ich schätze, er macht sich falsche Hoffnungen«, sagt Mia. »Wir sind doch alle Freunde. Wäre schade, wenn er irgendwie dahinter kommt und es dann kracht.«
»Ich habe schon versucht, mit ihm darüber zu reden. Aber er hört mir gar nicht zu. Er sagt immer, Liebe und Lust kommen mit der Zeit«, erzählt Emma. Sie macht eine abfällige Handbewegung. »Meine Oma sagt immer, Liebe kann wachsen, aber Feuer entsteht sofort.«
»Habe ich meinen Namen gehört?«, ertönt eine Frauenstimme.
»Oma!«, ruft Emma empört. »Du sollst dich nicht immer so anschleichen. Wir haben private Themen zu besprechen.«
»Entschuldigt, Mädels! Ich hänge mir nächstes Mal eine Kuhglocke um den Hals. Aber ich rieche, dass ihr Probleme habt.« Oma Kassy schwingt sich in den dritten Hängesessel in Emmas Gewächshaus-Oase.
»Nils ist in mich verliebt«, sagt Emma mit einer traurigen Miene.
»Verstehe! Das ist in der Tat ein Problem. Denn wenn du auch verliebt wärest, würdest du nicht hier sitzen, sondern wild mit ihm zwischen den Pflanzen der Baumschule knutschen«, sagt Oma Kassy mit ungewohnt ernstem Blick.
Emma lacht leise. »Oma, du bist unmöglich.«
Oma Kassy winkt ab. »Süße, ich weiß, wovon ich spreche. Wenn man jung ist und die Liebe zum ersten Mal erfährt, ist das wie ein reißender Bach. Nichts und niemand

kann die Liebenden aufhalten. Kein Hausarrest, keine Ausgangssperren und keine anderen Barrieren. Und wenn Eltern sich gegen die Liebe der Kinder stellen, dann verlieren sie sie. Denn die Liebe ist so stark, dass die beiden Liebenden eher türmen, als sich trennen zu lassen. Das wusste schon Shakespeare.«

Mia denkt an Thomas und seufzt sehnsüchtig.

»Siehst du«, sagt Oma Kassy und zeigt schmunzelnd auf Mia, »schau dir deine beste Freundin an, Emma! Mia ist so verliebt, dass ihr ständig Sternchen aus dem Kopf sprühen. Sie hat diesen verklärten Blick und ich wette, sie überlegt jetzt schon, wann sie ihren Thomas das nächste Mal sieht.«

Mia lacht ebenfalls auf und hebt den Daumen. »Oma Kassy, du bist ein Unikat! Schade, dass du nicht meine Oma bist.«

Oma Kassy wirft Mia einen Luftkuss zu. »Meine kleine, große Mia, ich habe ein Herz für euch beide.« Sie wird wieder ernst. Mit erhobenem Zeigefinger zeigt sie auf Emma. »Und du, Fräulein, redest endlich mit Nils! Keine *WhatsApp*-Nachricht! Auch wenn die mega genial sind. Ich könnte den ganzen Tag nichts anderes tun, als Nachrichten zu verschicken und zu lesen. Aber das musst du persönlich mit Nils klären. Er macht sich falsche Hoffnungen.«

»Ich werde ihn als guten Freund verlieren. Er ist mein bester Freund«, sagt Emma wehmütig.

»Das befürchte ich auch, aber das ist kein Grund, ihn weiterhin an der Nase herumzuführen. Du weißt, dass er mehr will als nur mit dir reden. Er will eine Beziehung mit dir. Keine platonische«, fügt Oma Kassy hinzu.

Emma erhebt sich seufzend. »Okay, dann bringe ich es wohl lieber gleich hinter mich.«

»Soll ich mitkommen?«, bietet Mia an.
Emma schüttelt den Kopf. »Das ist lieb, aber da muss ich alleine durch.«

***

»Hallo Mia!«
Mia dreht sich um.
Vor ihr steht ihre Mutter.
»Hallo!«, antwortet Mia steif. Sie hat keine Ahnung, wie sie reagieren soll.
»Bist du nicht Thomas, der schon mit Mia in eine Grundschulklasse gegangen ist?«, fragt Linda Baumgart Mias Begleitung.
Thomas nickt und hält ihr die Hand hin. »Hallo Frau Maibaum!«
Mias Mutter lächelt verlegen. »Ich heiße nicht mehr Maibaum. Tom und ich haben uns vor einigen Jahren scheiden lassen. Ich heiße jetzt Baumgart.«
Verlegen tritt Mias Mutter von einem Bein aufs andere. »Kann ich dich sprechen, Mia? Allein?«
Mia ergreift Thomas' Hand. »Sprechen ja, aber Thomas bleibt.« Sie wendet sich an ihren Freund. »Wenn du willst natürlich nur.«
Thomas drückt ihre Hand und lächelt. »Natürlich.«
Gemeinsam verlassen sie das Eiscafé und laufen schweigend in Richtung Wald.
»Ich habe viel falsch gemacht«, beginnt Mias Mutter.
Mia blickt sie von der Seite an.
Ihre Mutter kommt ihr mit einem Mal so fremd vor. So anders als auf den Fotos. Sie hat sich sehr verändert. Ist älter geworden. Und doch ist da etwas Vertrautes in ihrem Anblick.

Linda Baumgart seufzt. »Ich bereue es nicht, dass ich weggegangen bin, aber ich bereue, dass ich nie den Mut hatte, mich bei dir zu melden.«

»Warum kostet das Mut?«, fragt Mia verwundert. »Du bist doch meine Mutter. Wir haben zusammen gelebt. Wenn du den Kontakt nicht abgebrochen hättest, wäre es auch nicht so schwer gewesen, dich wieder bei mir zu melden.«

»Ich weiß. Ich hatte ein schlechtes Gewissen, dass ich dich zurückgelassen habe. Ich habe mich wie eine schlechte Mutter gefühlt«, sagt Linda Baumgart.

Mia bleibt stehen und schaut ihre Mutter mit ernster Miene an. »Das warst du auch.«

Mias Mutter schluckt. »Zumindest bist du ehrlich.«

»Warum sollte ich dir sagen, dass du alles richtig gemacht hast? Du hast mich verletzt. Jeden Geburtstag und jedes Weihnachtsfest habe ich auf ein Zeichen von dir gewartet«, sagt Mia vorwurfsvoll.

»Es tut mir leid, Mia. Ich habe keine Ahnung, warum ich es zugelassen habe, dass wir uns so entfremden.«

Mia schaut auf die Uhr. «In einer halben Stunde muss ich zuhause sein. Ausgangssperre.«

»Ausgangssperre? Was ist das denn?«, fragt Mias Mutter verwundert.

Mia verdreht die Augen. »Papa ist sauer, weil ich einen Freund habe. Als wir aus dem Feriencamp zurückkamen, habe ich Thomas zum Abschied geküsst. Das hat Papa gesehen und ist total ausgeflippt. Ich darf mich nicht mehr schminken, keine Jungs mit nach Hause bringen und eigentlich hatte ich Hausarrest.«

»Hausarrest?«, hakt Mias Mutter nach. Ihr Gesicht spricht Bände. »Was sind das für mittelalterliche Erziehungsmethoden? Und wofür? Für einen Kuss? Ich glaub's ja nicht!

Was ist mit deinem Vater passiert? Wurde er von Aliens ausgetauscht?«

»Sophie hat mit Papa geredet. Darum hat er den Hausarrest in eine Ausgangssperre ab 17 Uhr umgewandelt«, erzählt Mia.

»Unglaublich! Wenn du willst, rede ich mit deinem Vater«, schlägt Mias Mutter vor.

Mia überlegt.

Eigentlich würde sie gerne weiterhin mit ihrer Mutter schmollen. Andererseits wäre es traumhaft, wenn sie etwas bei ihrem Vater erreichen würde.

»Ich glaube, etwas Hilfe könnten wir gut gebrauchen«, mischt sich Thomas ein, der bis eben geschwiegen hat.

»Ich helfe gerne«, sagt Mias Mutter hoffnungsvoll.

»In Ordnung«, gibt Mia nach. »Jetzt gleich?«

«Na klar. Jetzt gleich«, erwidert Mias Mutter. Zaghaft lächelt sie ihre Tochter an, die ganz verhalten zurücklächelt.

Thomas drückt Mias Hand.

Mia drückt zurück.

Fünfzehn Minuten später erreichen sie das Grundstück der Maibaums. Sophie und Tom Maibaum sitzen auf der Terrasse, Stella spielt im Sandkasten.

»Hallo!«, sagt Mia und betritt mit Thomas und ihrer Mutter den Garten.

»Raus!«, sagt Mias Papa und deutet auf Thomas.

»Tom!«, fängt Mias Mutter an, doch Mias Papa lässt sich nicht beirren. »Thomas, verschwinde! Jungs haben hier keinen Zutritt.«

»Was willst du damit erreichen, Tom?«, wird Mias Mutter etwas lauter.

Erstaunt unterbricht Stella ihr Spiel und blickt zu den Erwachsenen.

»Halt dich da raus, Linda! Du hast dich vor sechs Jahren entschieden, dass du nicht länger Teil dieser Familie sein willst. Jetzt brauche ich deine Meinung auch nicht mehr«, fährt Mias Papa seine Ex-Frau an.
Mia ist geschockt.
Sophie auch. »Tom, lass uns das in Ruhe besprechen!«
»Nein«, ruft Mias Papa verärgert. »Ich will weder mit dir noch mit Linda über meine Erziehungsmethoden sprechen. Wenn ich Mia verbiete, Jungs mit nach Hause zu bringen, dann habt ihr alle das zu akzeptieren.«
»Seit wann das denn?«, kontert Sophie nun mit wachsendem Ärger. »Ich dachte, wir sind verheiratet. Seit wann sind Erziehungsfragen allein deine Sache, Tom?«
»Thomas, du gehst!«, beharrt Mias Papa.
»Dann gehe ich auch«, sagt Mia wütend und zieht Thomas hinter sich her. Dieser sperrt sich wie ein störrischer Esel. »Mia, warte! Das verbessert die Lage nicht.«
»Das ist mir egal. Ich hasse dich, Papa! Du bist so fies!«
»Tom, es ist absolut unvernünftig, Mia zu bestrafen, weil sie verliebt ist«, sagt Mias Mutter. »Du treibst sie nur aus dem Haus.«
»Im Weglaufen hast du ja Erfahrung, Linda. Da fällt der Apfel ja nicht weit vom Stamm«, knurrt Mias Papa.
»Herr Maibaum, lassen Sie uns doch bitte vernünftig miteinander reden…«, mischt sich nun auch Thomas ein.
Linda klatscht in die Hände. »Bravo, Thomas! Respekt für deinen Mut!« Sie wendet sich an ihren Ex-Mann. »Tom, nun sei doch vernünftig! Was ist bloß in dich gefahren? So kenne ich dich überhaupt nicht.«
»Du kennst mich sowieso nicht, Madam! Nein, nein, und nochmals nein. Ich rede mit keinem von euch. Und ich will hier keine Jungs im Haus haben«, ruft Mias Papa erzürnt.

Sophie springt auf. »Dann kannst du ja gehen, Tom!«
Mia zieht Thomas zum Gartenzaun. »Wir gehen auch!«
»Du gehst nicht, Fräulein! Du bist dreizehn Jahre alt«, ruft ihr Vater ihr hinterher.
»Ich werde vierzehn, Papa. Und schwanger werden kann ich überall. Dafür brauche ich dein bescheuertes Haus nicht«, schreit Mia ihren Vater an.
Vollkommen geschockt starren die Erwachsenen das junge Pärchen an.
»Bist du etwa schwanger?«, fragt Mias Papa fast tonlos.
Mia stemmt die Hände in die Hüften. »Am liebsten würde ich ›ja‹ sagen, aber das wäre gelogen.«
Tom Maibaum schüttelt den Kopf.
Wie ein alter Mann lässt er sich auf einen Stuhl fallen.
»Tom, nun lass uns reden!«, schlägt Sophie erneut vor.
»Es ist keine Lösung, Mia aus dem Haus zu treiben.«
»Ich sagte doch, ich will nicht darüber reden«, sagt Mias Papa.
»Wisst ihr was«, ruft Mias Mutter lächelnd, »ich miete mir in Bärenklau eine Wohnung an und Mia kann bei mir wohnen.«
Mia reißt überrascht die Augen auf. Normalerweise würde sie nicht einmal im Traum darüber nachdenken, bei ihrer Mutter zu wohnen. Aber jetzt, wo ihr Vater so stur ist, ist diese Aussicht wie ein Lichtblick am Horizont. »Super Idee! Kann ich dann Thomas treffen?«
»Jederzeit«, sagt Linda Baumgart und verschränkt die Arme vor der Brust.
»Niemals! Nur über meine Leiche«, sagt Mias Papa.
»Okay«, sagt Sophie seufzend, »ich sehe, wir finden keine Lösung. Tom, ich gehe. Ich verlasse dich! Mit so einem Mann will ich nicht verheiratet sein.« Sophie geht zu Stel-

la und hebt sie auf ihre Arme. »Komm, Süße, wir fahren zu Oma und Opa.«

»Au ja, Oma und Opa!«, ruft Stella begeistert.

»Sophie! Das ist jetzt nicht dein Ernst?« Fassungslos starrt Mias Papa zu seiner Frau.

Sophie nickt. »Doch. Du führst dich auf wie ein verzogener, eifersüchtiger Bubi. Ruf mich an, wenn du wieder normal bist.« Sie wendet sich an Mia. »Mia-Schätzchen, willst du mitkommen zu Oma und Opa?«

Unsicher blickt Mia zwischen Thomas, ihrem Vater und ihrer Mutter hin und her. Dann schüttelt sie den Kopf. »Nein, danke, Sophie! Ich würde gerne mit zu Thomas gehen.«

»Niemals! Das verbiete ich dir!«, sagt Mias Papa streng.

»Mamaaaa?«, wendet sich Mia zuckersüß an ihre Mutter.

»Ja, Süße?«, fragt Mias Mutter, obwohl ihr vollkommen klar ist, worauf Mia hinaus will.

»Kann ich mit zu dir? Wo wohnst du überhaupt?«, fragt Mia.

Linda Baumgart lächelt. »Ich wohne im Hotel am Marktplatz. Und ja, natürlich darfst du mit zu mir kommen.«

»Damit du deiner Tochter erlaubst, dass sie intim wird mit…diesem…hormongesteuerten…Lüstling?«, fragt Mias Papa fassungslos.

Thomas schneidet eine Grimasse. »Herr Maibaum! Was reden Sie denn da? Ich bin doch kein Affe, der seine Triebe nicht kontrollieren kann.«

»Das will ich auch hoffen«, sagt Mias Papa. Er wendet sich an Sophie. »Du bleibst! Und Mia, du bleibst auch!«

»Nein, ich gehe, Tom. Rufe mich an, wenn du vernünftig geworden bist! Bis dahin sind wir getrennte Leute.« Sophie hebt kurz die Hand und verschwindet mit Stella im Haus.

»Ich gehe mit zu Mama«, sagt Mia entschlossen.

»Nein, du bleibst. Ich habe das Sorgerecht für dich«, widerspricht Mias Papa. »Und ich sage, wo du dich aufhalten darfst.«

»Ich bin alt genug, um selbst zu entscheiden, bei wem ich wohnen will«, ruft Mia wütend. »Und ich gehe mit zu Mama. Sie erlaubt mir wenigstens, dass ich mit Thomas zusammen bin.«

»Genau. Und deshalb bleibst du hier!«

»Nein. Ich gehe.« Wütend dreht sich Mia um und zieht Thomas hinter sich her.

»Tom, nun komm bitte zur Vernunft! Du benimmst dich wie dein Vater damals! Und so wolltest du nie werden«, redet Linda auf ihren Ex-Mann ein.

Tom Maibaum knurrt. »Geh, Linda! Und bring Mia wieder mit, wenn sie sich beruhigt hat.«

Mia macht einen kleinen Freudensprung. Gemeinsam mit Thomas und ihrer Mutter geht sie zum Hotel am Marktplatz.

»Darf ich noch ein bisschen mit zu Thomas gehen, Mama?«, fragt sie, als sie am Hotel ankommen.

Linda schaut auf die Uhr. »Du darfst, mein Schatz! Sei bitte um acht Uhr wieder hier. Thomas, du bringst Mia bitte!«

»Geht klar«, sagt Thomas grinsend.

Mit einem riesigen Glücksgefühl, welches nur leicht gedämpft ist durch das störrische Verhalten ihres Vaters, läuft Mia mit Thomas zu den Wietmüllers.

Der Neue

Als bereits alle Schüler der Klasse 7b sitzen, kommt Herr Knabe ins Klassenzimmer. Im Schlepptau hat er einen äußerst hübschen Jungen mit brauner Mähne und großen Rehaugen.

»Oh mein Gott«, entfährt es Emma.
Mia blickt ihre Freundin an.
Emma grinst und zwinkert ihr zu.
»Mann, sieht der gut aus!«
»Damit dürfte wohl klar sein, dass Boris nicht mehr der attraktivste Junge der Schule ist«, flüstert Mia.
Emma hebt einen Daumen. »Aber so was von!«
Mia wirft einen Blick zu Thomas. Er blickt den Neuen ein wenig skeptisch an. Auch die anderen Jungs in der Klasse sind nicht gerade begeistert über die Konkurrenz.
Mia blickt wieder nach vorne.
»Guten Morgen!«, sagt Herr Knabe.
»Guten Morgen, Herr Knabe«, antwortet die Klasse im Chor.
Herr Knabe dreht sich zu dem Jungen um. »Darf ich vorstellen, das ist Matthew Jones. Frisch eingetrudelt aus den Vereinigten Staaten von Amerika. Aber keine Angst, Matthew spricht perfekt Deutsch.« Der Lehrer blickt sich in der Klasse um. »Matthew, stelle dich bitte selbst kurz vor! Danach kannst du dich zu Emma setzen.

Sie beißt zwar ab und zu und kann Karate, aber ich gehe stark davon aus, dass sie dich heil lässt. Neben ihr ist der einzige freie Platz.«

Matthew mustert Emma amüsiert.

Dann pustet er sich eine vorwitzige Locke aus der Stirn.

Dabei zwinkert er Emma zu.

Durch Emmas Körper geht ein Ruck.

Sie wird puterrot und wischt sich gedankenverloren den Schweiß von der Stirn.

»Bei mir wäre auch ein Platz frei«, sagen Linda und Amelie gleichzeitig.

Mia versucht, ein Grinsen zu unterdrücken. Aus den Augenwinkeln sieht sie Nils, der Emma wütend mustert.

Seitdem Emma ihm gesagt hat, dass er ›nur‹ ein Freund für sie ist, hat er sich vollkommen zurückgezogen und meidet die Treffen des Freundeskreises.

Herr Knabe räuspert sich. »Wie ich sehe, kommt Matthew zumindest bei den Damen wunderbar an. Prima! Vielen Dank für das Angebot, Mädels. Matthew sitzt neben Emma. Nur zu seinem Schutz.«

»Schutz wovor?«, ruft Boris leise.

»Vor dem Andrang der Mädchen und den bösen Blicken der Jungs«, kontert Herr Knabe. »So, Matthew, möchtest du noch ein paar Worte zu dir sagen?«

Matthew nickt. »Meine Mutter kommt aus Deutschland und ist vor fünfzehn Jahren zu meinem Vater nach Kalifornien gezogen. Dort bin ich auch geboren worden. Da meine Großeltern langsam alt werden, haben sich meine Eltern entschieden, wieder nach Deutschland zurückzukehren. Ich wollte das nicht, aber als Minderjähriger hat man ja keine Wahl. Und… hier bin ich.«

»Danke, Matthew!«, sagt Herr Knabe. »Das klingt ein bisschen traurig. Aber ich kann verstehen, wenn man Kalifornien nur ungerne gegen Deutschland eintauscht.«
»Darf ich mich setzen?«, fragt Matthew.
Herr Knabe nickt.
Matthew geht an Mia und Emma vorbei und legt seine Tasche auf dem Tisch ab. Dann hält er Emma eine Hand hin. »Hi! Ich bin Matt. Du bist dann wohl Emma?«
Emma ergreift seine Hand.
Ihre sonst so schlagfertige Art ist wie weggeblasen.
»Was ist denn mit unserer Pippi Langstrumpf los? Sie ist doch sonst nicht auf den Mund gefallen«, platzt Lennard aus der letzten Reihe heraus.
Mia funkelt ihn wütend an.
Nils schnauft und verschränkt die Arme vor der Brust.
»Können wir jetzt mit dem Unterricht anfangen?«, fragt Herr Knabe amüsiert.
»Pippi Langstrumpf? Das bist dann wohl auch du, was?«, sagt Matthew zu Emma, als er sich setzt.
Emma nickt und lächelt schüchtern.
Matthew lächelt sie an, während er ihre Zöpfe mustert. »Meine Mutter hat mir die Bücher früher vorgelesen. Ich habe Pippi immer sehr bewundert. Du siehst ihr sogar ein kleines bisschen ähnlich. Tolle Haarfrisur! Steht dir!«
Emma öffnet den Mund, um etwas zu sagen, doch es kommt kein einziger Ton heraus.
Herr Knabe holt das Deutschbuch aus seiner Tasche. »So, wer hat seine Hausaufgaben nicht erledigt?«
Niemand meldet sich.
»Prima, dann können wir ja gleich anfangen. Nils, du liest vor! Seite sechzig, bitte!«
Matthew beugt sich zu Emma hinüber. »Und du kannst Karate?«

Emma nickt.

»Echt episch!«

Mia, die nicht umhinkam, zu lauschen, runzelt die Stirn. Bevor sie jedoch nachfragen kann, lacht Matthew leise auf. »Ehrlich, Emma, das ist echt hammer! Vielleicht nimmst du mich mal mit zum Training?«

»Klaro«, findet Emma schließlich ihre Stimme wieder. Matthew beugt sich noch weiter zu Emma hinüber, so dass er mit seiner Nasenspitze fast ihr Gesicht berührt. »Gehst du heute Nachmittag mit mir ein Eis essen?«

Emma dreht den Kopf, um ihm zu antworten und berührt dabei versehentlich seine Wange mit ihren Lippen. »Sehr gerne.«

»Wenn ihr zwei dann auch fertig seid mit dem Austausch von Körperflüssigkeiten, Emma und Matthew, wäre es schön, wenn ihr euch dem Unterricht widmen könntet. Auch wenn der Deutschtext nicht einmal halb so spannend ist«, wirft Herr Knabe ein. »Gott, was gäbe ich dafür, noch einmal so jung und ungestüm zu sein!«

Die ganze Klasse starrt zu Emma und Matthew.

»Aber nur weil Sie es sind, Herr Knabe«, sagt Emma und grinst.

Mia atmet erleichtert auf.

Ihre Freundin hat ihre Schlagfertigkeit wieder im Griff.

Matthew lächelt und zwinkert Emma zu.

Na, wenn da mal nicht kleine Liebessterne zwischen den beiden Köpfen hin und herfliegen, denkt Mia, bevor sie dran ist mit Vorlesen.

***

»Hallo«, sagt Herr Knabe nach der großen Pause. »Ich habe euch gleich zu Beginn des neuen Schuljahres ein paar sehr nette Medizinstudierende mitgebracht. Das sind

Martin, Klara, Hannah und Nino.« Herr Knabe zeigt auf vier Studierende.

»Guten Morgen, ich bin Nino. Wir gehören zu einem deutschlandweiten ehrenamtlichen Projekt von Studenten, das sich ›*Mit Sicherheit Verliebt*‹ nennt. Wir haben hier für euch ein paar Flyer mitgebracht und möchten euch ein bisschen über das Projekt erzählen.«

Mia und Thomas blicken sich quer durch das Klassenzimmer an. Thomas lächelt, Mia lächelt zurück.

»Damit wir unser Wissen spielerisch und ungezwungen an euch vermitteln können, bitten wir jetzt euren Klassenlehrer, woanders zu warten, bis wir fertig sind«, führt Nino aus und deutet auf seine rothaarige Kollegin. »Ich gebe das Wort weiter an Klara.«

»Hallo, ich bin Klara. Jugendliche sollen verantwortungsvoll und selbstbewusst mit ihrem Körper umgehen. Dazu gehört, dass man weiß, wie der männliche und weibliche Körper aussieht und wie er sich in der Pubertät entwickelt«, betont Klara. »Es ist wichtig zu wissen, dass es sexuell übertragbare Infektionen gibt, auch in eurem Alter.«

Einige Schüler johlen auf.

Herr Knabe hebt grinsend eine Hand. »So schnell hat man unterrichtsfrei. Cool, oder? Ich bin dann mal weg. Ihr findet mich im Schulhof auf der Lesebank.« Kurz darauf fällt die Klassentür leise ins Schloss.

»Nino, Hannah und Klara studieren Medizin, ich studiere Psychologie«, erklärt Martin, einer der Studierenden.

»Ich bin Hannah, hallo!« Die brünette Studentin lächelt herzlich. »Bevor wir mit unserem Projekt beginnen, kommen wir zu einem wichtigen Teil: den Regeln. Was fällt euch dazu ein? Welche Verhaltensregeln möchtet ihr festlegen?«

»Ihr müsst euch bei uns nicht melden«, wirft Klara ein.

»Niemand soll uns auslachen«, sagt Mia.
»Genau. Das ist auch eine Regel, auf die wir viel Wert legen«, sagt Hannah. »Was noch?«
»Ich würde gerne rausgehen. Ich glaube, mir liegt das Thema nicht«, sagt Michael mit hochrotem Kopf.
Einige Jungs stöhnen. »Michael, nun stell dich nicht so an! Vielleicht erbarmt sich auch mal ein Mädchen und führt dich in die Welt der körperlichen Liebe ein«, platzt Hannes heraus.
»Auch das ist eine unserer Regeln«, sagt Hannah. »Alles ist freiwillig. Wenn du nicht beim Projekt mitmachen willst, kannst du in die Parallelklasse gehen.«
»Parallelklasse? Ach nö, dann bleibe ich doch lieber da«, murrt Michael.
Emma meldet sich. »Wenn jemand eine Frage hat und die irgendwie peinlich ist, kann man die dann so stellen, dass niemand weiß, von wem man redet?«
»Klar«, sagt Nino. »Eine unserer wichtigsten Regeln lautet: Lügen ist erlaubt.«
»Geil!«, ruft Lennard begeistert.
Einige johlen auf.
»Aber Sie lügen uns nicht an, oder?«, fragt Linda schüchtern.
»Bitte sagt alle ›du‹ zu uns!«, ruft Martin laut.
Die Klasse beruhigt sich wieder.
»Was das Fachliche angeht, erzählen wir euch natürlich die Wahrheit. Sonst wäre das ja keine Aufklärung«, antwortet Martin. »Aber was persönliche Fragen angeht, dürfen auch wir schwindeln. Also, nochmal kurz zusammengefasst: Das Projekt ist freiwillig. Wer nicht mitmachen will, geht in die Parallelklasse. Lachen ist erlaubt, auslachen nicht. Nichts, was wir hier besprechen, wird weitererzählt. Und Lügen sind erlaubt.«

»Reicht es nicht, wenn wir, wie in Biologie, über Bienen reden, die von Blüte zu Blüte fliegen?«, wirft Michael ein.
Hannah schüttelt lächelnd den Kopf. »Ich befürchte, das reicht nicht. Es macht auch keinen Sinn, über Bienen zu reden, wenn es darum geht, wie Menschen sich fortpflanzen. Da gibt es doch kleine anatomische Unterschiede.«
»Im Groben wissen wir das doch schon«, murrt Michael.
»Das reicht leider nicht«, beharrt Klara.
»Wie gesagt, es ist alles freiwillig. Wenn du nicht mitmachen willst, dann gehst du in die Parallelklasse«, wiederholt Martin.
Michael schüttelt den Kopf.
»Mensch, Michael, vielleicht triffst auch du mal eine heiße Biene und dann weißt du nicht, wie es geht«, ruft Boris genervt.
Michael grunzt.
»Dann können wir jetzt anfangen?«, fragt Martin.
Die Schüler nicken.
Klara nimmt ein Stück Kreide. »Gut. Zunächst starten wir mit dem Sex ABC. Ich fange mal an: A wie Analverkehr.«
Einige Jungs bekommen große Augen.
»Analverkehr?«, fragt Linda leise.
Boris verdreht die Augen. »Mensch, Linda, da f…«
»Boris!«, ruft Mia empört.
Dieser hebt beide Arme. »…dir jemand in den Hintern.«
»Ach so?«, sagt Linda und errötet.
»B wie…?«, fragend blickt sich Klara in der Klasse um.
»Bisexuell«, wirft Emma ein.
»Liebst du Mia etwa oder warum kennst du dich so gut aus, Emma? Dürfen wir mal zugucken?« Lennard zwinkert Emma zu, die drohend die Faust hebt.

»Bitte bleibt sachlich!«, sagt Nino, während Klara das Wort ›Bisexuell‹ an die Tafel schreibt. »Was bedeutet das?«

»Dass jemand beide Geschlechter mag«, sagt Nils.

»*Ein bisschen bi schadet nie*«, wirft Boris grinsend ein.

»Boris, du bist bi?«, ruft Lennard entsetzt.

Boris winkt ab. »Nee. Quatsch!«

Der Reihe nach findet die Klasse Begriffe zu den einzelnen Buchstaben, die Klara notiert.

»Wenn ihr mögt, könnt ihr essen und trinken, bis wir das Sex ABC beendet haben«, schlägt Martin vor.

Einige Schüler atmen erleichtert auf und holen ihre Brotboxen aus dem Schulranzen.

»Kommen wir zum Buchstaben P«, sagt Klara.

»›*Pimmel*‹«, rutscht es Lennard heraus.

Thomas wirft ihm einen bösen Blick zu. »Penis, ja!«

»Da kommen wir doch gleich zu einer wichtigen Frage: Wie wollen wir die Geschlechtsteile heute nennen? Ich bitte um Vorschläge, die euch nicht unangenehm sind«, ruft Nino über den Lärm hinweg.

»›*Nahkampfstachel*‹ und ›*Steckdose*‹«, schlägt Boris grinsend vor.

»›*Pimmel*‹ und ›*Muschi*‹«, sagt Michael.

»Ach nö«, widerspricht Linda und verdreht die Augen.

»Wie wäre es mit ›*Tiefgarage*‹ und ›*Stämmchen*‹«, wirft Thomas ein.

Mia verdreht die Augen.

Thomas zwinkert ihr neckisch zu.

»Ich bin für ›*Penis*‹ und ›*Vagina*‹«, sagt Linda mit ernster Miene.

Mehrere Jungs gähnen.

»Langweilig«, platzt Lennard heraus. »Können wir nicht abstimmen? Ich bin für Boris Vorschlag. ›*Nahkampfstachel*‹ und ›*Steckdose*‹.«
Emma grunzt. »Nee, wie klingt das denn? Wenn der Nahkampfstachel in die Steckdose geschoben wird, dann entstehen kleine Zitteraale, oder was?«
»Emma, du kannst ja richtig witzig sein«, lacht Lennard.
Nach einigem Hin und Her einigen sich die Schüler auf zwei Begriffe: ›*Nahkampfstachel*‹ und ›*Vagina*‹.
»So«, ruft Nino nach einer ganzen Weile, »jetzt sind wir beim letzten Buchstaben: Z wie…?«
»Zoophilie«, sagt Michael trocken.
»Was ist das denn?«, fragt Mia perplex.
Boris lacht auf. »Mia, kleine Mia, hast du noch nie von Leuten gehört, die es mit Tieren treiben?«
Mia verzieht das Gesicht. »So was gibt's wirklich?«
»So ein schöner Esel…hat doch was«, bemerkt Lennard und begutachtet dabei seine Fingernägel. Als er aufblickt, grinst er breit. »War nur ein Scherz!«
Martin greift in einen Koffer und holt mehrere kleine Plüschfiguren heraus. »Wir haben euch noch etwas mitgebracht. Unsere ›*STI's*‹.«

Mit großen Augen starren die Schüler neugierig auf die bunten Figuren.

Martin hält ein grünes Etwas in die Höhe, das aussieht wie ein grünes Küken mit Stoppelhaaren. Dann wirft er es Lennard zu. »Das ist Chlamydia. Schon mal von ihr gehört?«

Lennard dreht Chlamydia in den Händen und schüttelt den Kopf. »Nee, was soll das sein?«

Bella meldet sich. »Chlamydien sind Bakterien, die Entzündungen an den Schleimhäuten verursachen.«

»Genau«, sagt Hannah, »Chlamydien gehören zu den häufigsten sexuell übertragbaren Infektionen. Sie können zu Unterleibsentzündungen und sogar zur Unfruchtbarkeit führen, wenn man sie nicht behandelt. Wie erkennt man die Infektion?«

Bella meldet sich erneut. »Mädchen haben einen erhöhten Ausfluss und bei Jungs weiß ich das nicht.«

»In der Regel verläuft eine Chlamydieninfektion vor allem bei Frauen sehr häufig symptomlos. Und gerade für Frauen sind sie gefährlich. Während bei Männern selten ernstere Schäden entstehen, sind Chlamydien einer der führenden Gründe für weibliche Unfruchtbarkeit. Männer sind meistens nur unwissende Überträger«, erklärt Hannah.

»Genau. Allerdings können sich auch bei Jungs Samenleiter, Prostata und Nebenhoden entzünden. Das Problem ist, dass Männer selten bis nie Symptome haben. Falls sie doch Symptome haben, können sie Juckreiz oder Schmerzen beim Wasserlassen haben«, erklärt Martin ruhig.

Lennard wirft das Kuscheltier angeekelt quer durch das Klassenzimmer.

Linda fängt es auf. »Ich will Chlamydia auch nicht haben.« Sie wirft es zu Martin zurück. Dieser holt einen rosafarbenen Wurm heraus.
»Was ist das? Der ist ja süß!«, ruft Emma begeistert.
Martin wirft ihr den Wurm zu. »Das ist Syphilis.«
»Üäääh!«, ruft Emma und wirft den Wurm gleich weiter zu Michael. »Syphilis will ich nicht haben.«
»Weiß jemand, was das ist?«, fragt Nino in die Runde.
»Eine Geschlechtskrankheit«, sagt Thomas.
»Genau«, sagt Klara, »das ist ein Bakterium, das ebenfalls wie Chlamydien bei sexuellen Handlungen von Mensch zu Mensch übertragen werden kann. Unter dem Mikroskop sieht es tatsächlich wurmartig aus. Im Mittelalter gab es noch kein Antibiotikum. Und so haben die Betroffenen Jahre mit der Krankheit zu tun gehabt, bis sie aufgrund der entzündeten Geschwüre schließlich gelähmt oder erblindet waren oder an anderen Folgeerscheinungen litten. Es war damals eine sehr häufige Todesursache, denn im Endstadium greift Syphilis alle Organsysteme massiv an und zerlegt zum Beispiel komplett das Nervensystem.«
Der Wurm wird durch die Klasse geworfen, bis er schließlich auf dem Lehrerpult landet, wo bereits ein schwarzes Etwas darauf wartet, in die Klasse geworfen zu werden.
»Und welcher angenehme Zeitgenosse ist das? HIV?«, wirft Thomas fast schon genervt ein.
Martin schleudert ihm das Ding entgegen. »Ja, genau. Darf ich vorstellen: H.I.V.«
Thomas springt von seinem Stuhl auf und flüchtet. Er läuft zu Mia und klammert sich an ihr fest. »Hilf mir!«
Mia lacht leise.
Michael hebt die schwarze Plüschfigur auf. »Niemand will dich haben! Du bist mein Freund.«

Lennard rümpft die Nase. »Bist du bescheuert? Man lacht sich doch nicht freiwillig HIV an.«

»Warum nicht?«, will Klara von Lennard wissen.

Lennard zuckt mit den Schultern. »Weil man davon stirbt?«

»Vor einigen Jahren war das noch der Fall. Der Virus, der unter dem Mikroskop übrigens fast schwarz ist, löst, wenn man ihn nicht medikamentös behandelt, AIDS aus. Wisst ihr, was AIDS ist?«, fragt Hannah.

Alle schütteln die Köpfe.

»Früher haben die meisten HIV-Infizierten AIDS bekommen. Heute kommt es dank Therapie zumindest in Deutschland nur noch selten vor, dass AIDS ausbricht. Der Virus schwächt das Immunsystem, also unsere körpereigene Abwehr. Wenn ein Arzt diese Krankheit feststellt, dann sind bei dem Patienten oft schon andere Infekte und Tumore, also Zellveränderungen, entstanden. Die Krankheit kann einen tödlichen Verlauf haben, muss es aber nicht mehr. Die Therapiemöglichkeiten in Deutschland sind wirklich schon sehr ausgereift.«

»Mir ist schon ganz schlecht«, jammert Thomas. »Können wir uns nicht erfreulicheren Dingen widmen?«

»Ja.« Klara nickt Nino zu.

»Bevor wir euch in Jungs und Mädchen aufteilen, kommen wir noch eben zur Anatomie«, sagt Nino und rollt zwei große Plakate auf, auf denen jeweils ein Mann und eine Frau abgebildet sind. »Also zum Aufbau des menschlichen Körpers.«

»Der weibliche Körper«, Klara zeigt auf das Plakat mit der Frau, »war lange Zeit ein Tabuthema. Es war weit verbreitet, die Frauen im Genitalbereich zu beschneiden.«

Einige Jungs fassen sich schmerzerfüllt an die Hose.

»Das Sexualzentrum beider Geschlechter sitzt im Gehirn«, erklärt Hannah. »Sämtliche Hormone, die für Sexualität wichtig sind, befinden sich im Hypothalamus, einem Teil des Zwischenhirns. Kommt es zu einem sexuellen Reiz, beginnt das Sexualzentrum, Botenstoffe auszuschütten. Die Haut wird besser durchblutet, die Brustwarzen schwellen an«, Hannah setzt sich aufs Pult, »das gilt übrigens auch für die Jungs.« Sie lächelt, dann fährt sie fort. »Die Klitoris, von der im Übrigen nur ein kleiner Teil sichtbar ist«, sie zeigt auf einen kleinen Knubbel am Eingang der Scheide, »und die Flügel des Kitzlers, wie die Klitoris aus genannt wird, laufen am Innenschenkel entlang und können bis zum Knie gehen. Zusätzlich schwellen die Schamlippen an, die Vagina wird feuchter und weitet sich bei sexueller Erregung.«

»Genau. Damit wird die Vagina bestens auf die Fortpflanzung vorbereitet. Beim Mann läuft es nämlich ähnlich ab«, erklärt Martin. »Blut dringt in die Schwellkörper des Nahkampfstachels und sorgt dann für den sogenannten ›*Steifen*‹.«

Es klingelt zur Pause.

»Wollt ihr kurz Pause machen?«, ruft Hannah.

Einige Schüler nicken.

Fenster werden aufgerissen, einige gehen auf die Toilette.

Nach der Pause gibt es noch ein paar Details zur Anatomie, dann werden die Gruppen nach Mädchen und Jungs aufgeteilt.

Mia und Emma kuscheln sich aneinander, während Klara mehrere Holzpenisse und Kondome aus dem Koffer holt.

»Das ist unsere Penisparade«, sagt sie.

Die Mädchen kichern.

»Die sind ja alle unterschiedlich groß«, wirft Linda überrascht ein.

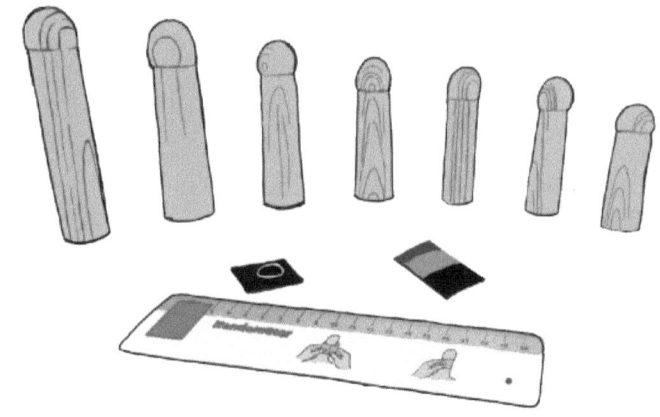

»Ja«, sagt Hannah, »so wie im echten Leben. Kein Penis gleicht dem anderen.«

»Dann gleicht auch keine Vagina der anderen?«, will Linda wissen.

Hannah und Klara nicken.

»Es gibt Vaginen, Vulven und Gebärmütter aus Stoff, aber die kann sich unsere Lokalgruppe leider nicht leisten. Die sind sehr teuer in der Anschaffung«, gesteht Hannah zerknirscht. »Und uns fehlen die Sponsoren, die das bezahlen.«

»Das ist ja mal wieder typisch. Die Penisse sind günstig und die Vaginas sind zu teuer«, beschwert sich Emma.

»Ich finde, solche Projekte sollten von der Bundesregierung unterstützt werden«, wirft Mia ein.

»Ich frage meinen Papa. Der gibt bestimmt was dazu«, sagt Emma entschlossen.

»Das wäre eine tolle Sache«, pflichtet Hannah ihr bei.

»Es ist noch gar nicht so lange her, dass ich selbst in eurem Alter und das erste Mal verliebt war«, beginnt Klara zu erzählen. Sie wirft ihre langen roten Haare zurück. »Und da kommen plötzlich eine Menge Fragen auf einen zu.«

»Genau«, wirft Hannah ein. »Es ist wichtig zu wissen, dass ein Mädchen bereits schwanger werden kann, wenn Sperma die Scheide berührt. Ihr müsst also nicht einmal miteinander schlafen. Petting reicht bereits aus.«
Mia schluckt erschrocken.
Das hat sie nicht gewusst.
»Und der Junge muss dafür auch keinen Samenerguss haben. Der sogenannte ›Lusttropfen‹ reicht sogar aus, weil sich in diesem ›*Präejakulat*‹ bereits Samenzellen befinden können«, erklärt Klara. »Auch wenn die Wahrscheinlichkeit verschwindend gering ist, denn der weibliche Körper hat seine Abwehrmechanismen, damit nur die intakten und schwimmfähigen Samenzellen den Weg zur Eizelle schaffen. Und normalerweise suchen sich mit dem Samenerguss bis zu 250 Millionen Samenzellen schwimmend einen Weg zur Eizelle.«
»Wobei es nur etwa 300 Spermien bis zur Eizelle schaffen«, wirft Hannah ein.
Mia nimmt sich vor, zukünftig beim Kuscheln mit Thomas etwas besser aufzupassen.
»Dann kann man von diesem schleimigen Lusttropfen nicht nur schwanger werden, sondern auch sexuell übertragbare Krankheiten bekommen?«, hakt Bella nach.
»Ja, das ist richtig«, antwortet Klara.
Linda meldet sich. »Was ist denn überhaupt dieser komische Lusttropfen? Ich habe noch nie davon gehört.«
»Wenn ein Junge sexuell erregt wird, tritt eine kleine Menge schleimartiger Flüssigkeit aus dem Penis, bevor es überhaupt zum Samenerguss kommt«, erklärt Hannah. »Dieses ›*Präejakulat*‹ wird in der Cowper-Drüse gebildet und gelangt von dort über eine Verbindung zur Harnröhre und dann an die Penisspitze. Hierdurch wird die Harnröhre gereinigt. Das wiederum ist wichtig, damit die Spermien

unbeschadet durch den Penis kommen, weil der Lusttropfen den pH-Wert in der Harnröhre erhöht. Außerdem ist dieser Lusttropfen ein natürliches Gleitmittel beim Geschlechtsverkehr. Es wird zudem vermutet, dass dieser Lusttropfen auch Einfluss auf den pH-Wert in der Vagina hat.«

»Was die Natur alles kann!«, sagt Emma anerkennend. »Das ist echt Zauberei!«

Klara und Hannah lachen leise.

»Ja, das stimmt. Die Fortpflanzung ist immer ein kleines Wunder«, pflichtet Klara ihr bei.

»Pubertät heißt, etwas auszuprobieren und was gibt es da Schöneres und Interessanteres als Sex«, sagt Hannah. Sie nimmt einen Holzpenis in die Hand. »Das hier ist ein durchschnittlich großer Penis aus Holz. Im Bereich der Sexspielzeuge auch ›Dildo‹ genannt. Sexspielzeuge gibt es in Hülle und Fülle. Diesen hier nutzen wir, um euch zu demonstrieren, wie man eine Lümmeltüte drüberstülpt.«

Klara blickt kurz auf und grinst. »Ich nenne Kondome ja auch gerne ›Nahkampfsocke‹, passend zum ›Nahkampfstachel‹. Das macht sie irgendwie sympathischer.«

Die Schülerinnen lachen.

Das Eis ist gebrochen.

»Kondome gibt es tatsächlich in verschiedenen Größen«, erklärt Hannah.

Mia meldet sich. »Und wie weiß man dann, welches Kondom passt?«

Hannah deutet mit den Finger auf Mia. »Eine sehr gute Frage. Es gibt sogenannte ›Kondometer‹. Damit misst man den Umfang des Nahkampfstachels im erigierten Zustand, der entscheidend ist für die Größe des Kondoms. Denn hier zählt nicht die Länge.«

Nun dürfen alle Schülerinnen, die das möchten, versuchen, die Nahkampfsocke über den Nahkampfstachel zu stülpen.
Mia probiert es als Erste.
Lachend stellt sie fest, dass das gar nicht so einfach ist. Zuerst will sich das Kondom nicht abrollen lassen, dann rutscht es mehrfach wieder nach oben.
»Das ist aber schwer«, stellt sie kichernd fest.
Klara nickt. »Stimmt. Es braucht ein wenig Übung. Vor allem aber müsst ihr darauf achten, dass das Reservoir vorne, also das kleine Hütchen, beim Kondomüberziehen zugehalten wird. Sonst ist das Kondom kein sicheres Verhütungsmittel.«

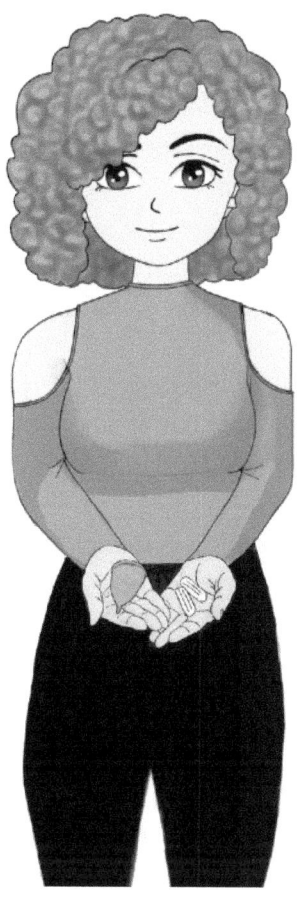

Nach der Demonstration der Penisparade stellt Hannah verschiedenfarbige, größere Hütchen auf das Pult, während Klara ein paar Karten heraushholt.
»Was sind das für komische Hütchen?«, will Emma wissen. »Ist das ein Spiel?«
»Nein, das sind Menstruationstassen«, antwortet Hannah.
»Und das hier sind Tampons und Binden. Die Karten hier stellen den weiblichen Zyklus dar.«
Mia macht große Augen. »Solche komischen Tassen habe ich noch nie gesehen. Was macht man damit?«

»Damit kannst du dein Blut trinken. Gut für Vampire«, witzelt Linda.

Mia rollt mit den Augen. »Igitt!«

»Diese Silikon-Becher sind eine gute Alternative zu den Tampons. Im Gegenteil zu Tampons, die ja aus Watte bestehen, sind sie komplett wasserundurchlässig und können bis zu acht Stunden getragen werden«, erklärt Hannah.

»Man kann sie sogar zehn Jahre lang benutzen«, ergänzt Klara.

»Was? So lange?«, ruft Emma überrascht.

»Ja, und damit sind sie deutlich günstiger als Tampons.«

»Ihr könnt damit alles machen, sogar schwimmen gehen«, sagt Hannah.

»Woher weiß man denn, welche Größe man braucht?« Emma verschränkt die Arme vor der Brust.

Klara setzt sich auf das Pult und nimmt einen lilafarbenen Becher in die Hand. »Das hängt von verschiedenen Faktoren ab. Von der Stärke der Monatsblutung, deiner Anatomie…«

»Meiner Anatomie? Ist die nicht bei jeder Frau gleich?«, fragt Linda perplex. Sie macht ein überraschtes Gesicht.

»Nein, es gibt Mädchen, die haben zum Beispiel ein breiteres Becken. In der Regel sagt man, jüngere Frauen sollten kleinere Tassen nehmen. Frauen, die schon Kinder geboren haben, sollten eher größere nehmen, weil die Vagina durch die Geburt gedehnt wurde.«

»Und was ist, wenn man viel Sex hat? Leiert dann die Vagina aus?«, will Linda wissen.

Hannah schüttelt lächelnd den Kopf. »Nein. Es ist ein Irrglaube, dass die Vagina durch den Penis ausleiert.«

Mia bläst die Backen auf. »Mensch, ist das alles kompliziert!«

Hannah winkt ab. »Das ist alles halb so wild. Irgendwann weiß man den ganzen Kram im Schlaf.«

Neugierig reichen die Mädchen die Menstruationstassen durchs Klassenzimmer.

»So, und jetzt kommen wir zum Highlight des Tages: Ihr dürft Fragen aufschreiben, die ihr an die Jungs habt. Die werden wir dann an unsere Kollegen weiterreichen und bekommen bald unsere Antworten«, ruft Hannah.

Erstaunt greifen die Schülerinnen zu Zettel und Stiften.

Emma beugt sich zu Mia hinüber. »Was willst du fragen?«

Mia blickt auf. »Ich möchte gerne wissen, ob die Jungs Schluss machen würden, weil wir nicht mit ihnen schlafen wollen.«

»Echt?« Emma runzelt die Stirn. »Ist das nicht eine Frage, die viel zu individuell ist? Solltest du die Frage nicht lieber direkt an Thomas stellen?« Emma zwinkert ihrer Freundin zu.

Mia denkt kurz darüber nach. »In Ordnung. Dann schreibe ich: ›*Mit wie vielen Mädchen wollt ihr schlafen?*‹«

Grinsend legt Mia ihren Stift beiseite und faltet ihren Zettel zusammen.

Emma kichert und schreibt: ›*Wie soll ein Mädchen euch anbaggern?*‹

Mia liest Emmas Frage. »Das ist eine coole Frage! Warte, ich schreibe auch gleich noch was.«

Mia schreibt: ›*Was ist die blödeste Anmache von Mädchen?*‹

Zufrieden geben die beiden ihre Zettel ab.

Hannah verlässt kurz danach den Raum und schickt ihren Kollegen Nino mit den Fragen der Jungs zurück.

»Oh, Hannah hat sich aber verändert«, witzelt Emma.

Nino grinst. »Wir dachten, wir tauschen, damit ihr mir direkt Fragen stellen könnt. Natürlich nur, wenn ihr wollt. Ihr wisst ja, es ist alles freiwillig.«

»Dann antwortest du auch nur freiwillig?«, will Linda wissen.

»Nun«, beginnt Nino, »es gibt sicherlich Fragen, die sind zu persönlich. Dann darf auch ich die Beantwortung ablehnen. Das solltet ihr übrigens auch tun. Niemand muss anderen auf Biegen und Brechen jede Frage wahrheitsgemäß beantworten.«

Mia meldet sich. »Ist es in Ordnung, wenn man Angst vor dem ersten Mal hat?«

Nino nickt. »Natürlich. Und damit solltet ihr auch ganz offen mit eurem Partner umgehen. Wenn man Angst davor hat, ist der richtige Moment noch nicht gekommen.«

»Dann weiß man also, wann der richtige Moment da ist?«, bohrt Mia weiter.

Nino nickt erneut. »Ja. Im richtigen Moment fühlt sich alles gut an. Man will es einfach ausprobieren.«

»Ich sehe das anders«, widerspricht Hannah zur Überraschung der Schülerinnen. »Ich finde, so richtig perfekt ist es beim ersten Mal nicht, weil man nervös ist, unsicher und vielleicht auch ein wenig ängstlich. Wichtig ist, finde ich zumindest, dass das Vertrauen in den Partner da ist und man gemeinsam durch Angst, Nervosität und Unsicherheit geht.«

»Und wenn es nicht klappt?«, fragt Emma nervös.

Nino winkt ab. »Dann probiert ihr es halt ein zweites und ein drittes Mal. Es ist noch kein Meister vom Himmel gefallen. Es ist nicht schlimm, wenn es nicht gleich klappt. Mein erstes Mal hat auch nicht so gut funktioniert. Dafür war das zweite Mal schon viel besser.«

»Haben die Jungs gar keine Fragen an uns gestellt?«, will Linda wissen.
Nino holt ein paar Zettel aus seiner Tasche. »Doch. Ich kann ja gleich mal die erste Frage vorlesen.« Er räuspert sich. »*Wollt ihr Valentinstagsgeschenke von uns haben?*«
»Valentinstagsgeschenke?« Emma rümpft die Nase. »Das wollen die Jungs von uns wissen?«
»Sehr aufmerksam«, stellt Mia lobend fest.
»Valentinstagsgeschenke? Was soll das sein?«, fragt Linda perplex.
»Blumen oder eine Karte am 14. Februar«, erklärt Emma. »Viele Männer kaufen am 14. Februar in unserer Baumschule Blumen, weil sie ihren Freundinnen eine Freude machen wollen. Aber wenn man die Kundinnen fragt, ist denen das gar nicht so wichtig.«
»Also sind Blumen nicht gewünscht?«, hakt Nino überrascht nach. »Ich lerne auch gerne was Neues dazu.«
»Schon, aber nicht ausschließlich. Frauen freuen sich eher, wenn zur Blume noch was Persönliches dazukommt«, entgegnet Emma.
»Und das heißt?«, hakt Nino nach.
»Ein Gedicht. Etwas Selbstgemachtes. Ein Liebesbrief. Etwas, das uns Mädchen zeigt, dass wir geliebt und geschätzt werden«, führt Emma aus.
»Das werde ich mir merken.« Nino macht sich fleißig Notizen, dann liest er die nächste Frage vor. »*Wärt ihr lieber hässlich oder dumm?*«
»Boah«, stöhnt Emma, »die Frage kommt bestimmt von Lennard. Was für ein Horst!«
»Ich wäre lieber dumm«, gesteht Amelie. »Wer möchte schon hässlich sein?«
»Niemand«, sagt Emma. »Ist trotzdem eine dämliche Frage. Gibt es noch sinnvollere Fragen?«

Nino nickt. »*Wie sollen wir euch ansprechen?*«

»Ein einfaches ›hallo‹ reicht schon, finde ich«, sagt Linda.

»Genau. Und dann darf er uns zum Eis einladen«, sagt Mia grinsend.

»Eis geht also immer?«, fragt Nino und lacht.

Mia hebt den Daumen und Nino macht sich Notizen.

Klara nimmt ihm noch einen Zettel ab und liest vor: »*Wenn ihr uns wie Luft behandelt, ist das dann ein Spiel, weil ihr uns mögt oder ist das ernst gemeint?*«

»Ignorieren wir die Jungs, Mädels?«, wirft Emma überrascht in den Raum.

Amelie kichert leise. »Nee. Eigentlich nicht.«

»Ich finde, das kann man nicht so verallgemeinern«, sagt Mia mit ernster Miene. »Aber wenn ich kein Interesse an einem Jungen habe, warum soll ich mich dann mit ihm beschäftigen?«

»Das ist eine gute Frage, Mia«, lobt Nino. »Dann ignorierst du also nur Jungs, für die du dich nicht interessierst?«

»Genau«, sagt Mia. »Alles andere finde ich unfair. Ich möchte schließlich auch nicht wie Luft behandelt werden, nur weil mich jemand mag. Das ist doch echt doof.«

»Das finde ich auch«, stimmt Emma zu.

Nino macht sich Notizen.

»Ich habe hier noch eine sehr interessante Frage, mit der nicht einmal ich gerechnet habe«, sagt Klara. »*Nervt es euch, wenn wir euch zu viele Nachrichten auf dem Handy schicken?*«

»Nein«, sagt Emma entschlossen. »Es nervt eher, wenn sie zu wenig schreiben.«

»Genau«, stimmt Mia ihrer Freundin zu. »Ich bekomme gerne Nachrichten. Und wenn man verliebt ist, gibt es nie ein Zuviel.«

»Das hast du sehr schön gesagt, Mia«, sagt Klara.

Es klopft an der Tür und Hannah steckt ihren Kopf herein.
»Mädels, ich habe Antworten!«
Die Schülerinnen johlen leise auf.
Hannah schlüpft ins Klassenzimmer und tauscht mit Nino, der mit seinen Antworten zu den Jungs geht.
»Wollt ihr sie hören?«
Die Mädchen nicken kichernd.
Hannah pflanzt sich auf einen Tisch und nimmt den ersten Zettel zur Hand. »Ihr wolltet wissen, wir ihr die Jungs anbaggern könnt. Und die Jungs haben gesagt, sie mögen niedliche Blicke und einen kreativen Spruch, der zur Situation passt. Wenn man sich in der Schule sieht, kann man zum Beispiel etwas zum Unterricht fragen.«
»Und wenn man sich in der Freizeit trifft?«, hakt Amelie nach.
»Dann hängt es vom Ort ab, wo man sich trifft und wer alles dabei ist«, antwortet Hannah. »Am besten ist es, wenn man sich zu zweit trifft.«
»Das erleichtert die Sache überhaupt nicht«, jammert Emma. »Wir sind nicht schlauer als vorher.«
»Das haben schon viele Leute vor euch geschafft«, sagt Hannah aufmunternd.
Klara liest noch einen Zettel vor. »Der blödeste Anmachspruch von Mädchen lautet ›*Ich glaube, ich werde ohnmächtig. Kannst du bitte Mund-zu-Mund-Beatmung machen?*‹«
Emma lacht leise. »Der Spruch ist wirklich blöd. Wie kommen die Jungs bloß darauf. Ich würde niemals so einen Satz zu einem Jungen sagen.«
»Das ist vielleicht Wunschdenken«, grunzt Amelie.
»Ihr wolltet außerdem wissen, mit wie vielen Mädchen die Jungs Sex haben wollen. Nun«, Klara blickt auf, »die Antwort ist von 1 bis 100.«

»Dann hat jemand von euch wissen wollen, wann die Jungs ihr erstes Mal haben wollen«, sagt Hannah. Sie blickt sich in der Klasse um und liest dann die Antwort vor. »Mit 16 oder 18.«
»Echt?«, platzt Mia überrascht heraus. »So spät?«
»Ich dachte immer, die Jungs sind ganz wild drauf«, wirft auch Emma ein.
»Offenbar sehen die Jungs hier das sehr zurückhaltend«, sagt Hannah.
»Wir haben auch schon Schulklassen gehabt, da wollten das die Jungs mit dreizehn«, wirft Klara ein.
»Habt ihr noch Fragen an uns?« Fragend blickt sich Hannah um.
Alle Schülerinnen schütteln den Kopf.
»Dann holen wir doch mal die Jungs zurück und machen noch eine kurze Runde, in der wir von euch wissen wollen, wie euch der Tag mit uns gefallen hat«, sagt Hannah und flitzt aus dem Klassenzimmer.
Innerhalb der nächsten zehn Minuten kommen Martin und Nino mit den Jungs zurück.
Thomas zwinkert Mia zu.
Mia lächelt.
Nachdem alle Schüler auf ihren Plätzen sitzen, räuspert sich Nino. »So, da es keine weiteren Fragen von euch gibt, würden wir gerne noch wissen, wie euch der Tag mit uns gefallen hat.«
»Überraschend gut«, sagt Michael und bekommt einen hochroten Kopf.
»Ich fand es auch sehr informativ«, stimmt Thomas zu.
»Wir haben viel gelernt«, sagt Emma. Sie blickt zu Matthew und errötet, als dieser ihr breitgrinsend zuwinkt.

»Das freut uns zu hören«, sagt Nino. Er legt ein paar Flyer auf das Lehrerpult. »Falls euch später noch Fragen einfallen, könnt ihr uns auch gerne eine Mail schreiben.«
Die Studierenden verabschieden sich und Herr Knabe taucht auf, rechtzeitig zum Klingeln der Schulglocke.
»Schulschluss«, ruft Lennard begeistert.
Herr Knabe hebt die Hände. »Dann gehe ich davon aus, dass euch der Tag gefallen hat?«
»Ja«, sagen die Schüler einstimmig.

Der Arztbesuch

Lässig sitzt Matthew auf der Mauer, als Emma, Mia und Thomas beim Eiscafé eintrudeln.
»Hallo Matthew!«, sagt Thomas und hält dem Neuen eine Hand hin. »Ich bin Thomas. Wir sind in einer Klasse.«
Matthew klatscht sie lächelnd ab. »Hi Thomas! Nenn mich ruhig Matt!«
Er wendet sich an Emma und Mia. »Hallo Mädels!«
»Hi!«, sagt Emma fast ein wenig schüchtern.
»Hallo«, sagt Mia und kuschelt sich an Thomas.
Matthew hebt eine Augenbraue. »Ah, ihr seid ein Paar?«
Thomas und Mia nicken.
»Wir haben Emma eben zufällig getroffen«, sagt Mia, »wir sind auch gleich wieder weg.«
»Nein, nein, setzt euch doch zu uns! Ein Viererdate ist doch cool«, sagt Matthew. »Es sei denn, Pippi hat was dagegen. Gegen eine echte Karatekämpferin würde ich mich niemals auflehnen.«
Emma lacht leise auf. Dann winkt sie ab. »Nein, nein, bleibt ruhig noch.«
»Wir können uns auch ein Eis mitnehmen und zum Affenfelsen gehen«, schlägt Thomas vor.
»Affenfelsen?«, fragt Matthew neugierig nach.
»Einige nennen ihn auch den ›Knutschfelsen‹ oder ›Bums-Area‹«, ertönt Nils' Stimme hinter ihnen.
Mia verdreht die Augen.
Auch Emma stöhnt genervt auf.
Nils hat ihr gerade noch gefehlt.
»Nils, das ist unnötig«, blafft Thomas seinen Cousin an.
Nils schneidet eine Grimasse und verschwindet im Eiscafé.

»Da bin ich wohl jemandem auf die Füße getreten, was?«, sagt Matthew mit erstaunter Miene. »Dein Verehrer oder Ex?«

Emma winkt ab. »Nein, nein. Nils ist sauer, weil ich ihm einen Korb gegeben habe.«

»Ja, das ergibt einen Sinn.« Matthew legt einen Arm um Emmas Schultern und führt sie ins Eiscafé.

»Holla, der legt ja ein Tempo vor«, sagt Thomas leise zu Mia.

Mia nickt. »Stimmt. So draufgängerisch warst du nicht.« Sie grinst.

Thomas kneift ihr in die Wange. »Das war auch etwas anderes. Schließlich gehen wir schon seit ewigen Zeiten gemeinsam zur Schule und sogar in dieselbe Klasse. Da muss man sehr vorsichtig sein mit irgendwelchen Annäherungsversuchen.«

»Das scheint Matt aber bei Emma nicht zu stören«, wirft Mia ein.

Thomas nickt. »Vermutlich sind die Amis da anders. Schneller. Direkter.«

»Emma scheint es zu gefallen«, sagt Mia und folgt ihrer Freundin ins Eiscafé.

»Er ist ja auch echt charmant«, bemerkt Thomas nicht ganz ohne Neid.

Mia dreht sich zu ihm um. »Kein Grund zur Sorge! Du bist und bleibst mein Held. Allerdings ist das Parfüm von Matt echt der Hammer! Ich liebe gute Düfte!«
»Das habe ich abgespeichert. Ich werde gleich heute noch in die Parfümerie gehen und mir ein Parfüm zulegen. Damit ich für meine Prinzessin gut rieche«, erwidert Thomas mit ernster Miene.
Mia stellt sich auf Zehenspitzen und gibt ihm einen Kuss. »Für mich riechst du immer gut. Aber gegen ein cooles Parfüm habe ich nichts einzuwenden. Schließlich habe ich auch ein Kirschparfüm, das du magst.«
»Was redest du da? Mögen? Ich liebe es!«, sagt Thomas und schiebt Mia zur Eistheke. »Aber jetzt gibt es erst einmal ein Eis.«
Kurz darauf schlendern die Vier mit ihrem Eis über den Feldweg zum Affenfelsen. Sie umrunden ihn, um die schönste Stelle zu finden, aber dort liegen bereits Boris und Bella.
Matthew weicht erschrocken zurück. »Ohoo! Eure Klasse ist gut im Pärchenbilden, was?« Lachend zieht er Emma hinter sich her.
Mia und Thomas folgen den beiden.
»Ich finde das merkwürdig«, sagt Mia, als sie sich auf die gegenüberliegende Seite des großen Felsens setzen.
»Was findest du merkwürdig?«, fragt Thomas und setzt sich ganz eng hinter Mia auf den Felsen, um sie zu umarmen.
»Boris zeigt Bella in der Schule immer die kalte Schulter. Er flirtet mit allen möglichen Mädchen herum. Erst gestern habe ich gesehen, wie er Pamela aus der neunten Klasse angebaggert hat«, sagt Mia nachdenklich. »Und jetzt kriechen die zwei förmlich ineinander.«

»Er lässt eben nichts anbrennen«, sagt Emma und rollt mit den Augen.

»Sehr oberflächlich«, wirft Matthew ein. »Und um ehrlich zu sein, mag ich solche Typen nicht. Wenn ich mich für ein Mädchen entscheide, dann doch bitte ganz.«

»Gute Einstellung«, sagt Emma hocherfreut.

»Meine Mutter würde mir den Kopf waschen, wenn ich mir nicht eine feste Freundin anlachen würde, sondern gleich einen ganzen Harem«, sagt Matthew kopfschüttelnd.

»Ich hätte trotzdem gedacht, dass du eher ein Harem-Typ bist und auf Mädchen wie Amelie oder Linda stehst. Sie sind sehr hübsch. Und beide fanden dich gleich vom ersten Augenblick an toll«, sagt Emma leise.

Matthew mustert Emma. »Schönheit liegt immer im Auge des Betrachters.«

Emma lächelt. »Das sagt meine Oma auch immer.«

»Und sie hat die beste Oma der Welt«, mischt sich Mia ein.

»Um ehrlich zu sein, finde ich dich viel hübscher. Deine rotbraunen Haare sind einfach toll«, sagt Matthew und berührt Emmas Zopf. »Und niemand hat so coole Pippi-Langstrumpf-Zöpfe, die ihm auch noch stehen.«

Emma lächelt.

»Omas sind cool! Ich würde deine Oma auch wahnsinnig gerne kennenlernen«, sagt Matthew zu Emma.

Emma kickt einen Stein weg und klettert auf den Felsen. »Ich kann es gar nicht glauben, dass du meine Oma kennenlernen willst. Ich meine, du bist heute den ersten Tag in unserer Klasse und hast dich gleich schon mit mir verabredet. Von der langsamen Sorte bist du nicht gerade, oder?«

Matthew klettert ihr hinterher. »Ein kurzer Blick und ich hatte alle Schüler im Klassenzimmer gescannt. Ich weiß meistens sofort, wen ich mag und wen nicht.«
»Und bei mir hast du gewusst, dass du mit mir ein Eis essen gehen wolltest?«, fragt Emma keck.
Die beiden klettern immer höher.
Mia ist das ganz recht. Dann kann sie ein bisschen mit Thomas herumknutschen.
»Ich habe dich gesehen und wusste, du bist genau die Frau, auf die ich mein ganzes Leben lang schon gewartet habe«, feixt Matthew.
Emma bleibt stehen. »Pass auf, ich kann Karate! Verarschen kann ich mich alleine.«
Matthews Lächeln verschwindet.
Er ergreift Emmas Hand und drückt ihr einen Kuss auf. Wie Romeo hockt er sich unterhalb von Emma auf den Felsen und blickt zu ihr auf. »Ernsthaft, Emma! Oder soll ich dich ›*Pippi*‹ nennen?«
»Du darfst beides sagen«, kontert Emma und klimpert mit ihren Wimpern.
»Also, Emma, ich habe dich gesehen und war sofort verzaubert von dir. Kennst du das nicht? Du siehst jemanden und weißt, mit dem Menschen willst du befreundet sein?«, fragt Matthew.
Emma nickt. »Ja. Das hatte ich bisher zweimal in meinem Leben.«
Matthew schluckt. »Zweimal? Dann bin ich nicht der einzige?«
Emma überlegt kurz, Matthew schmoren zu lassen, doch beim Anblick seiner braunen Augen schmilzt sie regelrecht dahin. »Um ehrlich zu sein«, sagt sie leise, »bist du der einzige.«
Mia schmunzelt.

Sie springt auf und zieht Thomas vom Felsen weg.
»Wo willst du hin?«, fragt Thomas perplex.
»Merkst du nicht, dass die beiden alleine sein müssen?«
»Nee, ich war mit dir beschäftigt«, kontert Thomas. Er zwingt Mia zum Stehenbleiben. »Bist du nicht neugierig, was die beiden sich noch zu sagen haben?«
Mia grinst. »Um ehrlich zu sein, bin ich wahnsinnig neugierig. Aber das gehört sich nicht.«
Thomas zieht sie hinter sich her an eine Stelle, von der aus sie Emma und Matthew sehen können, die beiden sie aber nicht. »Dann setz dich, Frau Spionin!«
Mia folgt der Aufforderung und blinzelt durch das Gestrüpp hindurch.
»Wenn ich der einzige bin, wer ist dann die zweite Person, bei der du sofort wusstest, dass du mit ihr befreundet sein willst?«, hören sie Matthew fragen. Er klettert höher und ist auf Augenhöhe mit Emma.
»Mia.«
»Deine Freundin?«, platzt Matthew heraus. »Bist du bi? Ich meine, ein bisschen bi schadet nie.«
Emma grunzt lachend. »Nein, Mia ist die beste Freundin, die man sich wünschen kann. Und ich gebe sie für nichts und niemanden auf. Aber bi bin ich nicht.«
Mia drückt vor lauter Aufregung Thomas' Hand und wispert: »Best friends forever!«
»Dann passe ich wohl besser auf, dass ich immer gut zu Mia bin«, witzelt Matthew. Er ergreift Emmas Hände. »Ehrlich, Emma, ich bin sonst überhaupt kein Typ, der sich schnell auf irgendein Mädchen einlässt. Aber du hast mich von der ersten Sekunde an verzaubert. Und als Herr Knabe noch meinte, ich soll mich zu dir setzen, du könntest Karate und seist schlagfertig, war es einfach um mich geschehen.«

»Echt? Oder nimmst du mich auf den Arm?«, hakt Emma unsicher nach.

Matthew blickt an Emma herunter. »Ich glaube, das würde ich gerade noch schaffen, ohne mir einen Bruch zu heben. Aber natürlich würde ich es niemals wagen, die Dame meines Herzens zu verärgern.«

»Dame deines Herzens?« Emma ist sichtlich beeindruckt.

»Bin ich etwa nicht dein Herzbube?«, lacht Matthew leise.

Emma schluckt. »Wie ich bereits sagte, ich habe dich gesehen und war hin und weg von dir.«

Matthew zieht Emma zu sich und gibt ihr einen Kuss.

»Wow«, sagt Mia leise zu Thomas, »der Neue geht aber ganz schön ran. Was für ein Tempo!«

»Solange er ernsthafte Absichten mit Emma hat, ist sein Tempo doch egal, oder?«, sagt Thomas und zwirbelt ihr die langen Haare hoch, um sie am Hals zu küssen.

***

»Ich bin schon ein wenig nervös«, sagt Mia zu ihrer Mutter. Sie sind gemeinsam ins Nachbardorf gefahren, weil sich dort eine junge Frauenärztin niedergelassen hat.

»Das verstehe ich gut. Musst du aber nicht. Sie wird dich kaum gleich beim ersten Mal auf den blöden Untersuchungsstuhl setzen«, entgegnet Mias Mutter.

»Weiß Papa eigentlich, dass wir zum Frauenarzt fahren?«, will Mia wissen.

Mias Mutter hält die Krankenkassenkarte in die Höhe. »Ja. Sonst hätte ich wohl kaum deine Karte, oder?«

»Die hat er dir freiwillig gegeben?« Misstrauisch mustert Mia die Versichertenkarte. Seit fünf Wochen ist Mia nun schon im Hotel und so langsam hat sie das Leben in dem engen Zimmer satt. Außerdem vermisst sie ihre Pinguine

und Fritz, ihren Uhu. Letzten Sonntag ist sie heimlich in den Garten der Maibaums geschlichen, um ihre Tiere zu sehen, doch Fridolin hat so laut getrötet, dass alle im Haus aufgewacht sind. Mia hat ihren Vater am Fenster gesehen und ist vor Schreck davongelaufen.
Nun betritt sie mit ihrer Mutter die Arztpraxis.
Sie melden sich an und gehen ins Wartezimmer.
»Bella, was machst du denn hier?«, fragt Mia überrascht beim Anblick ihrer Klassenkameradin.
Bella schreckt auf. »Ich…«, beginnt sie und wird knallrot.
»Bella Lustig bitte«, ruft eine Arzthelferin und Bella springt auf. »Ich muss dann mal…tschüss!« Und damit ist Mias Klassenkameradin auch schon verschwunden.
»War das ein Mädchen aus deiner Klasse?«, fragt Mias Mutter leise.
Mia nickt. »Ja. Sie ist im letzten Jahr sitzengeblieben und nun in meiner Klasse. Sie ist schon 15.«
Sie warten etwa zwanzig Minuten, dann wird auch Mia aufgerufen.
»Hallo Mia«, sagt die Ärztin und reicht ihr die Hand. »Ich bin Dr. Emmrich. Darf ich dich duzen?«
»Ja«, sagt Mia schüchtern und setzt sich auf den Besucherstuhl neben ihre Mutter.
»Was führt dich heute zu mir?«, fragt Frau Dr. Emmrich.
Mia errötet und druckst herum.
»Wenn ich etwas sagen darf?«, mischt sich nun Mias Mutter ein.
Frau Dr. Emmrich nickt. »Bitte, Frau Maibaum!«
»Baumgart heiße ich. Mein Mann und ich haben uns scheiden lassen«, erklärt Mias Mutter. »Mia hat einen Freund und ich habe ihr empfohlen, sich die Antibabypille verschreiben zu lassen.«

»Verstehe! Ich weiß, Ihre Tochter ist minderjährig, Frau Baumgart, ich würde trotzdem gerne mit Mia alleine sprechen. Ist das in Ordnung? Wie siehst du das, Mia?«
Mia druckst erneut herum. Schließlich nickt sie, dankbar, dass sie ihre Gedanken nicht vor ihrer Mutter ausbreiten muss.
Mias Mutter erhebt sich lächelnd. »Natürlich. Ich warte draußen. Bis später, Mia.«
Kaum hat Mias Mutter die Tür hinter sich geschlossen, atmet Mia erleichtert auf. Es war ihr doch ein wenig peinlich, in Anwesenheit ihrer Mutter über intime Sachen zu sprechen.
»Hast du schon deine Regelblutung, Mia?«, fragt Frau Dr. Emmrich.
Mia nickt. »Seit einem Jahr.«
»Rauchst du?«, fragt Frau Dr. Emmrich und klopft unruhig mit dem Stift auf der Patientenkarte herum.
»Nein«, ruft Mia fast ein wenig erschrocken.
»Okay. Mit einem festen Partner ist es natürlich wichtig, sich über Verhütung Gedanken zu machen. Da du nicht rauchst, können wir über die Antibabypille nachdenken.«
Frau Dr. Emmrich notiert sich etwas in Mias Patientenkarte. »Du hast also schon einen Freund, Mia?«
Mia nickt. »Ja«, sagt sie freudestrahlend.
»Und du überlegst nun, mit ihm zu schlafen oder hattet ihr bereits Geschlechtsverkehr?«, fragt Frau Dr. Emmrich.
Mia schluckt.
Das war direkter, als sie erwartet hatte.
Irgendwie ist es merkwürdig, mit einer fremden Frau über ihre Beziehung zu Thomas zu sprechen, auch wenn sie Ärztin ist.
»Wenn du nicht möchtest, musst du mir nicht antworten, Mia. Ich habe hier eine Informationsbroschüre für dich.

Da steht ein bisschen was über Sex und Verhütung drin. Du solltest wissen, man kann nicht nur schwanger werden, wenn man mit seinem Partner Geschlechtsverkehr hat. Eine Frau kann auch schwanger werden, wenn man Petting miteinander hat, also sich gegenseitig an den Genitalien streichelt«, erklärt die Ärztin.

Mia errötet.

Sie hat bereits Petting mit Thomas gehabt.

Und durch die Studierenden von dem Projekt ›*Mit Sicherheit verliebt*‹ weiß sie bereits, dass man auch ohne Geschlechtsverkehr schwanger werden kann.

»Ich verschreibe dir gerne eine ganz leichte Antibabypille, die musst du jeden Tag möglichst zur selben Uhrzeit nehmen. Aber natürlich ersetzt die Pille keine Kondome.«

»Wie meinen Sie das?«, fragt Mia verwirrt nach.

»Nun«, sagt Frau Dr. Emmrich, »wenn du mit deinem festen Freund intim wirst, kannst du dich mit der Pille vor einer Schwangerschaft schützen, aber nicht vor Krankheiten. Es ist also immer wichtig, ehrlich und offen miteinander umzugehen und abzuklären, ob dein Partner gesund ist.«

»Oh, Sie meinen Krankheiten wie AIDS?«, hakt Mia nach.

»Zum Beispiel. Aber man erkrankt nicht gleich an AIDS, sondern bekommt den HIV-Virus, der später AIDS auslösen kann.«

»Verstehe. Darüber habe ich mit Thomas schon gesprochen«, sagt Mia. »Und wir sind beide gesund.«

»Prima«, sagt Frau Dr. Emmrich lächelnd. »Aber wie ich bereits sagte, setzt der Geschlechtsverkehr mit seinem Partner auch voraus, dass man sich treu ist. Denn wenn dein Partner mit einem anderen Mädchen Geschlechtsverkehr hat, welches mit dem HIV-Virus infiziert ist, ohne sich zu schützen, kann er das Virus später auch auf dich übertragen.«

»Darum die Kondome« sagt Mia leise. Die Vorstellung, dass Thomas mit einer anderen Sex haben könnte, versetzt ihr einen Stich.

Frau Dr. Emmrich holt eine Medikamentenpackung aus ihrem Schrank. »Dies ist eine Monatspackung der Antibabypille. Sie ist sehr gut verträglich. Trotzdem kann es zu Nebenwirkungen kommen wie Kopfschmerzen, Brustspannen oder Zwischenblutungen. Wenn du weitere Probleme haben solltest, kommst du zu mir in die Praxis.«

Mia nimmt die Packung skeptisch entgegen. Es ist ein merkwürdiges Gefühl, Medikamente gegen das Schwangerwerden einzunehmen.
»Bitte nimm die Pille jeden Tag. Wenn du die Pille vergisst oder Durchfall oder Erbrechen bekommst, solltest du den Rest des Monats mit einem Kondom verhüten, weil es dann sein kann, dass die Pille nicht mehr wirkt«, erklärt Frau Dr. Emmrich weiter. »Hast du noch Fragen?«
Mia zögert, dann platzt sie heraus. »Ich habe in einer Zeitschrift gelesen, dass Frauen, die die Pille nehmen, von ihrem Partner nicht mehr gerne gerochen werden. Und dass sich Paare häufig trennen, wenn die Frau plötzlich die Pille nimmt. Stimmt das?«
Frau Dr. Emmrich lächelt kopfwackelnd. »Nun, es gibt tatsächlich Studien darüber…«
»Ich möchte nicht, dass Thomas das Interesse an mir verliert, nur weil ich die Pille nehme«, platzt Mia aufrichtig heraus.
Die Ärztin nickt. »Das kann ich gut verstehen. Ich weiß, dass die Meinungen hier weit auseinandergehen. Medizinisch gibt es keinen Nachweis, dass es tatsächlich so ist.«
Die Ärztin steht auf und geht ans Fenster. »Ich selbst habe damals auch die Pille genommen, als ich meinen Mann kennengelernt habe. Irgendwann wollten wir Kinder haben und ich habe die Pille abgesetzt. Ich bin noch immer mit meinem Mann glücklich verheiratet und wir haben drei Kinder. Aber natürlich gibt es auch Gegenbeispiele.«
Sie wendet sich Mia wieder zu. »Du solltest allerdings vorsichtig sein, wenn du mit dem Gedanken spielst, weder die Pille, noch ein Kondom zu verwenden. Viele Menschen denken, ein sogenannter ›Coitus interruptus‹ würde sie davor schützen, ein Kind zu zeugen.«

»Was ist ein Coitus dingsbums?«, fragt Mia. Sie kann sich nicht daran erinnern, dass sie im Biologieunterricht bei der Sexualkunde darüber gesprochen haben.
»Entschuldige, Mia! Das bedeutet, der Mann zieht seinen Penis aus der Scheide, bevor er einen Samenerguss bekommt. Das Problem ist nur, dass selbst ein vorwitziger Lusttropfen mit Sameninhalt schon vorzeitig abgehen kann und dann ist die Wahrscheinlichkeit da, dass die Frau schwanger wird.«
»Verstehe. Mann, das ist alles ganz schön kompliziert, was?«, sagt Mia stöhnend.
Frau Dr. Emmrich lacht leise auf. »In der Tat. Aber je älter du wirst, umso weniger angsteinflößend und ungewohnt ist das Thema. Jetzt ist alles noch ziemlich neu für dich.«
»Meine Freundin Amelie sagt, sie will keinen Sex vor der Ehe haben. Aber wartet man wirklich so lange, bis man verheiratet ist?« Nachdenklich starrt Mia zu der jungen Ärztin.
»Das muss natürlich immer jeder für sich selbst entscheiden. Aus meiner Erfahrung kann ich nur sagen, dass die meisten Jugendlichen dieses Vorhaben nicht durchhalten, wenn sie verliebt sind«, sagt Frau Dr. Emmrich. »Hast du noch weitere Fragen, Mia?«
Mia schüttelt den Kopf. Sie bedankt sich bei der Ärztin und verabschiedet sich.

***

»Hallo Mia, komm doch herein!«, sagt Thomas' Mutter freudestrahlend.
Mia bedankt sich artig und schlüpft ins Haus.
Thomas steht mit seinem Vater im Esszimmer und macht Crêpes.

»Hallo Mia, willst du auch Crêpes essen?«, ruft Thomas ausgelassen.
Mia nickt lächelnd. »Sehr gerne.«
»Zimt und Zucker oder Schokolade?«, fragt Thomas nach.
Es duftet herrlich im Hause Wietmüller.
Fast wie Weihnachten.
»Zimt und Zucker«, antwortet Mia.
Sie reicht Herrn Wietmüller die Hand und lässt sich von Thomas kurz umarmen. Dann setzt sie sich auf den Barhocker und lässt sich den französischen Eierkuchen reichen. Vorsichtig zieht sie etwas von dem heißen Teig ab und probiert. »Mmh, lecker!«
»Wir sind mittlerweile Profis«, gesteht Thomas lachend.
Nach dem Essen gehen Mia und Thomas auf sein Zimmer. Kaum hat Thomas die Tür zugemacht, holt Mia die kleine Pillenpackung aus ihrer Tasche.
»Was ist das?«, fragt Thomas interessiert.
Neugierig nimmt er Mia die Packung ab. Dann wandern seine Augenbrauen staunend nach oben. »Antibabypille?«
Er blickt auf.
Mia weiß zunächst nicht, was sie sagen soll.
Lange schauen sie sich einfach nur an.
»Du warst beim Arzt?«, fragt Thomas schließlich.
Mia nickt und geht zum Sofa. Ächzend lässt sie sich darauf nieder. »Sie hat mir eine Informationsbroschüre über Sex und Verhütung mitgegeben.«
Thomas grinst und springt auf den freien Platz neben Mia. »Ich war auch beim Arzt.«
»Echt? Warum? Bist du krank?«
Thomas wirft den Kopf in den Nacken und lacht. »Naja, ich dachte, ich frage mal nach, ob es auch Verhütungsmethoden für Männer gibt. Warum sollen immer die Frauen Hormone schlucken.«

Erstaunt blickt Mia ihren Freund an. »Ehrlich? Das hast du gemacht? Wahnsinn!«
»Bin ich jetzt dein Held?«, fragt Thomas und wackelt kokett mit den Augenbrauen.
»Das warst du vorher auch schon«, sagt Mia und zieht ihn zu sich. Lachend landen sie rücklings auf dem Sofa.
»Gibt es denn die Pille für den Mann?«, will Mia wissen.
»Der Arzt meinte, die ist noch nicht so ausgefeilt. Es gibt wohl viele Ansätze, aber noch keine zufriedenstellenden Ergebnisse«, erzählt Thomas.
»Ich finde, es ist ein komisches Gefühl, solche Hormone zu nehmen, damit man nicht schwanger wird. Was ist, wenn du mich nicht mehr leiden kannst, weil ich anders rieche?« Ängstlich betrachtet Mia ihre große Liebe.

Thomas gibt ihr einen Kuss auf die Nase. »Wir warten einfach noch ab, in Ordnung? Wir lassen alles auf uns zukommen. Und wenn wir uns entschließen, dass wir doch Sex miteinander haben wollen, dann nehmen wir Kondome. Und wenn es Spaß macht und wir unsere Finger nicht mehr bei uns behalten können, dann nimmst du die Pille.« Thomas grinst triumphierend. »Und wenn ich dich dann plötzlich nicht mehr ausstehen kann, setzt du die Dinger ganz schnell wieder ab. Einverstanden?«

Mia schlägt sich die Hände vors Gesicht. »Oje, hoffentlich nicht.«

Thomas nimmt ihre Hände beiseite und schaut sie ganz verliebt an. »So schnell wirst du mich nicht los!«

»Versprochen?«

»Versprochen«, sagt Thomas und gibt Mia einen Kuss.

***

Lachend landen Mia und Emma mit ihren Rollschuhen auf der Bank neben dem Sportplatz.

»Und? Wie ist Matthew so?«, will Mia von ihrer Freundin wissen.

Emma rollt schwärmerisch mit den Augen. »Er ist der tollste Junge auf dem ganzen Erdball. Er sieht umwerfend aus und er kann richtig gut küssen.« Emma seufzt. »Ich kann an nichts anderes mehr denken als an ihn. Ich bin so verliebt!«

»Das kenne ich. Ich meine, wie verrückt ist das bitte! Seit ewigen Zeiten gehe ich gemeinsam mit Thomas zur Schule und in der Grundschule konnte ich ihn nicht einmal ausstehen!«

»Und jetzt teilst du dir das Bett mit ihm«, feixt Emma vergnügt.

»Fast.«

»Dann habt ihr noch nicht? Du weißt schon, was ich meine…« Emma wackelt vielsagend mit dem Kopf.

»Nein«, sagt Mia und nimmt einen Schluck aus ihrer Wasserflasche. »Aber ich war beim Arzt.«

Mit einem Ruck sitzt Emma aufrecht. »Und? Wie war's? Warst du auf diesem furchtbaren Stuhl zur Untersuchung?«

Mia schüttelt den Kopf. »Nein. Die Ärztin meinte, das sei nicht erforderlich. Aber ich habe die Antibabypille bekommen.«

»Wow! Dann machst du wirklich Ernst?«, fragt Emma leicht beeindruckt.

Mia grinst. »Wie das klingt! Nur weil ich die Pille bekommen habe, heißt das doch nicht, dass ich mit Thomas schlafen will.«

»Würdest du denn wollen?«

Mia denkt kurz nach. »Ich schwanke noch. Manchmal denke ich, das wäre total cool. Dann wiederum habe ich ein wenig Angst davor.«

»Kann ich gut verstehen. Matthew legt auch ein ganz schönes Tempo vor.« Emma pustet sich eine vorwitzige Haarsträhne aus dem Gesicht.

»Hallo ihr zwei!«, ertönt Bellas Stimme hinter ihnen.

»Hi, was machst du denn hier?«, fragt Mia.

Ächzend lässt sich Bella auf der Bank nieder. Wie die Hühner auf der Stange sitzen die drei Mädchen nebeneinander.

»Ich bin schwanger«, sagt Bella leise.

»Wie bitte?« Emma glaubt, sich verhört zu haben.

Auch Mia schaut ihre Klassenkameradin skeptisch an.

»Du bist was?«, hakt Mia nach.

»Schwanger«, wiederholt Bella.

Emma bläst die Backen auf. »Wow! Krass! Und ich dachte immer, Schülerinnen am Gymnasium werden nicht schwanger.«

Bella grunzt hämisch. »Fragen Spermien nach der Schulbildung?«

»Und jetzt?«, platzt Mia ungeduldig dazwischen. Sie kann gar nicht glauben, was Bella da gerade gesagt hat. »Ist Boris der Vater?«

»Boris?«

»Ja. Ich habe dich mehrfach mit ihm gesehen. Und es sah nicht so aus, als wenn ihr nur Händchen gehalten hättet«, sagt Mia leicht gereizt. »Seid ihr etwa kein Paar?«

»In der Schule hat man davon zumindest nichts gemerkt«, sagt Emma naserümpfend.

Bella seufzt. »Ich weiß es nicht. In der Schule ist er immer auf Abstand gegangen, als wenn er sich für mich schämen würde. Aber er ist der einzige, der infrage kommt.«

»Ich glaube eher, er lässt ungerne etwas anbrennen. Es vergeht doch kaum eine Pause, in der er nicht mit irgendeinem Mädchen flirtet«, sagt Emma verschnupft. Sie kann Typen wie Boris nicht ausstehen, die nur darauf setzen, mit ihrem guten Aussehen so viele Mädchen wie möglich abzuschleppen, aber von Verantwortung nichts halten.

»Was sagt Boris denn zum Baby?«, fragt Mia.

»Er weiß es noch nicht. Gott, er wird ausflippen!« Bella schlägt sich die Hände vors Gesicht.

»Verständlicherweise, schließlich sind wir gerade mal in der siebten Klasse«, wirft Emma ein.

»Naja, ich bin sitzengeblieben und schon mehr als ein Jahr älter«, widerspricht Bella.

»Habt ihr nicht verhütet?«, fragt Mia. »Ich bin ja kein Experte, aber so ein paar Grundregeln sind auch bei mir angekommen. Habt ihr keine Kondome benutzt?«

Bella zögert mit der Antwort. »Doch. Zumindest meistens.«

»Meistens? Bella! Wie kannst du nur so unvernünftig sein?«, fragt Emma entrüstet. »Jedes Kind weiß doch, dass man auch von einem Mal schon schwanger werden kann.«

»Verhütest du etwa immer?«, ruft Bella aufgebracht.

Emma grunzt. »So weit waren Matthew und ich noch nicht. Aber ja, ich würde immer verhüten.«

»Würdest du nicht«, widerspricht Bella, »manchmal ist man so in Fahrt, dass man gar keine Lust hat, seinen Kopf einzuschalten.«

Emma schneidet eine Grimasse. »Für den Fall gibt es die Antibabypille. Warum hast du dir die nicht besorgt?«

»Meine Eltern wollten das nicht«, kontert Bella.

»Pah«, schnauft Emma, »das ist eine billige Ausrede, Bella. Du bist doch schon 15! Ab dem 14. Lebensjahr darf man sich bei seiner Frauenärztin die Pille verschreiben lassen, ohne dass die Eltern informiert werden müssen. Der Arzt hat Schweigepflicht.«

»Du kennst dich aber gut aus«, bemerkt Mia überrascht. »Warst du etwa schon bei der Ärztin?«

»Ja. Meine Oma hat mich hingeschliffen«, antwortet Emma gereizt.

»Willst du das Baby etwa bekommen?«, wirft Mia plötzlich ein.

Bella zieht die Nase kraus. »Ich weiß es nicht. Eigentlich finde ich es ganz cool. Ich bin die einzige von der ganzen Schule, die ein Kind bekommt.«

»Cool? Bella, das ist doch nicht cool!«, ruft Emma verständnislos. »Das ist schrecklich. So ein Baby…«, sie holt tief Luft, »ist doch ein Mensch. Es muss versorgt werden, du musst dich rund um die Uhr um dein Kind kümmern.«

»Oder das Jugendamt kommt und holt es wieder ab«, sagt Mia trocken.

»Echt? Das machen die so einfach?«, will Bella wissen.

»Ja, das machen die so einfach. Wenn du nicht in der Lage bist, gut auf dein Kind aufzupassen, mischt sich das Jugendamt ein«, sagt Mia.

»Und das ist auch gut so!«, bemerkt Emma. Sie verschränkt beide Arme vor der Brust. »Bella, stell dir das bloß nicht so einfach vor! Unterstützen dich denn deine Eltern? Ich meine, du bist fünfzehn!«

Bella zuckt mit den Schultern. »Keine Ahnung. Ich habe es ihnen noch nicht gesagt.«

»Dann solltest du es dringend tun. Wie lange bist du denn schon schwanger?«, hakt Emma nach.

»Ich bin in der zehnten Woche«, antwortet Bella. Sie holt einen Mutterpass aus ihrer Handtasche und zeigt ihren beiden Klassenkameradinnen ein schwarzweißes Bild. »Das ist ein Ultraschallbild vom Baby«, sagt sie stolz.

Mia und Emma kneifen die Augen zusammen.

»Ich kann gar nix erkennen«, gibt Emma zu.

»Ich, ehrlich gesagt, auch nicht«, sagt Mia. »Sieht ein bisschen aus wie ein Gummibärchen.«

Bella lacht. »Es ist gerade mal zwei Zentimeter groß. Aber man erkennt schon Arme und Beine.«

»Mit viel Phantasie«, sagt Emma schnippisch. Stöhnend lehnt sie sich gegen die Bank. »Boah, ich weiß nicht, Bella! Ich finde das sehr beängstigend. Du solltest dringend mit Boris und deinen Eltern reden!«

«Mach ich.« Bella steht auf und verabschiedet sich. Kaum ist sie außer Sichtweite, beugt sich Mia zu Emma hinüber. »Das ist der Hammer, oder? Bella ist ernsthaft schwanger und will das Kind auch noch kriegen.«

»Ich habe ja die Pille zuhause, aber ich konnte mich noch nicht durchringen, sie zu nehmen«, gesteht Emma.

»Willkommen im Club! Geht mir genau so«, sagt Mia lachend. »Aber nach den Neuigkeiten fange ich gleich morgen früh an.«

»Ich auch. Das kannst du wissen!«

Das erste Mal

»Toll, dass deine Mom erlaubt hat, dass du bei mir schlafen darfst«, sagt Thomas erfreut. Er lässt Mia ins Haus und zieht sie in seine Arme, kaum dass die Haustür hinter ihr zugeflogen ist.
»Ja, das finde ich auch.« Mia lächelt, dann wird sie ernst, ja fast traurig. »Nur schade, dass mein Vater noch immer nicht einlenkt. Meine Mutter wird langsam unruhig. Ich merke, dass sie wieder fort will. Aber wo soll ich hin, wenn sie weggeht?«
Thomas gibt Mia einen schnellen Kuss auf die Stirn, dann zieht er sie ins Wohnzimmer. »Wenn deine Mutter weggeht, dann ziehst du einfach zu mir. Hier ist genug Platz. Und meine Eltern freuen sich immer, wenn du da bist.«
Mia lacht leise auf. »Sie werden sich bedanken, wenn plötzlich zwei Teenager morgens das Bad verstopfen.«
Thomas wirft sich aufs Sofa und breitet die Arme aus. »Sie lieben dich! So, wie ich dich liebe!«
Mia springt aufs Sofa und reißt Thomas zu Boden.
Lachend kugeln sie sich über den Teppich.
Thomas angelt nach der Fernbedienung und schaltet die Musikanlage ein. Sofort ertönt sanfte Schmusemusik.
Mia horcht auf. »Willst du mich etwa jetzt schon verführen? Am helllichten Tag?«
Thomas lacht und zwickt ihr in die Wange. »Niemals! Immer langsam mit den jungen Pferden. Wir können jetzt ein paar Muffins essen und einen Film angucken. Danach holen wir uns Chips und gucken uns noch einen Film an und dann…«

»Kannst du mich eigentlich noch riechen?«, wirft Mia plötzlich ein.

Thomas stutzt. Dann richtet er sich auf. »Hast du etwa schon angefangen, die Pille zu nehmen?«

Mia nickt.

»Wow! Damit habe ich gar nicht gerechnet«, gesteht Thomas. Er nimmt Mias Hände. »Ich finde es trotzdem großartig. Danke, dass du das machst!«

Mia lächelt schüchtern. »Gern geschehen.«

Thomas will noch etwas sagen, doch Mia legt ihm einen Finger auf die Lippen und bringt ihn zum Schweigen. »Du hast ja alles perfekt durchgeplant heute, was?«

Sie beugt sich vor und küsst Thomas.

Als ihr Kuss immer leidenschaftlicher wird, spürt Mia durch die Klamotten, wie Thomas Glied hart wird.

»Warte!«, sagt Thomas außer Atem.

»Willst du mich noch schnell aufklären?«, feixt Mia.

Thomas setzt sich grinsend hin und hält Mia eine Handbreit von sich weg. »Du meinst, du willst was über die Bienen hören, die von Blüte zu Blüte fliegen und dafür sorgen, dass der Baum Früchte trägt?«

»Genau.« Mia setzt sich vor Thomas hin und verschränkt die Arme. »Bitte erzähle mir, was mit dem Blütenstaub passiert, wenn die Biene von Blüte zu Blüte fliegt.«

Thomas steht auf und lässt per Fernbedienung die Außenjalousie vor der Terrassentür herunterfahren. Dann zündet er ein paar Kerzen an.

Mias Lächeln verschwindet.

Sie bekommt Herzklopfen und nasse Hände.

Thomas hockt sich wieder auf den Boden und ergreift Mias Fuß. In sanften Bewegungen massiert er ihren Fuß. Genießerisch lächelnd lehnt sich Mia gegen das Sofa.

»Mmh, ich wusste gar nicht, dass Fußmassagen so gut sein können!«

Thomas schweigt.

Langsam lässt er seine Hände höher wandern.

Mit geschlossenen Augen lehnt Mia am Sofa und genießt die Berührungen von Thomas' Streicheleinheiten.

»Ich habe ein bisschen Schiss, mich zu blamieren«, sagt Thomas plötzlich. »Was ist, wenn ich es gar nicht kann. Oder wenn ich mich gar nicht zurückhalten kann. Ich stehe dann da wie ein Idiot.«

Mia hält seine Hände fest. »Das musst du nicht. Es ist total egal, wie es verläuft, weil ich dich liebe. Es ist nicht wichtig, ob du es kannst. Ich kann es doch auch nicht. Ich habe das noch nie gemacht. Aber weil wir uns vertrauen, können wir es probieren.«

Thomas beugt sich vor und küsst Mia. »Danke! Du bist das tollste Mädchen im ganzen Universum.«

»Wollen wir einen Muffin essen?« Hungrig schleckt sich Mia über die Lippen und bringt Thomas zum Lachen.

»Und ob wir das wollen. Komm mit!« Thomas springt auf und zieht Mia vom Boden hoch. Gemeinsam laufen sie in die Küche und holen sich Saft, Wasser und Muffins. Dann werfen sie sich auf das Sofa.

»Möchtest du einen Actionfilm, Fantasy oder lieber einen Romantikfilm?«, fragt Thomas mit der Fernbedienung für den Fernseher in der Hand.

»Gute Frage. Fantasy?«

Thomas nickt. »Dein Wunsch ist mir Befehl.«

Nach etwa eineinhalb Stunden, sie haben mittlerweile Muffins und Chips verdrückt sowie bereits den zweiten Film laufen, lässt Thomas seine Hand in Mias Hose gleiten.

Mia genießt seine Berührungen und lehnt sich an Thomas' Schulter. »Ich könnte ewig so dasitzen.«
Thomas beugt sich zu ihr runter und gibt ihr einen leidenschaftlichen Kuss. Der Kuss führt dazu, dass sie innerhalb kürzester Zeit splitterfasernackt auf dem Sofa liegen.
»Und die Pille wirkt auch schon?«, hakt Thomas nach.
Mia versucht, einen klaren Gedanken zu fassen. »Pille? Äh, ja. Seit letzter Woche.«
»Können wir dann auf das blöde Kondom verzichten? Ich glaube, ich bin so aufgeregt, dass ich es nicht schaffen werde, es drüber zu streifen.«
Mia lächelt. »Wir können.«
Mia rutscht unter Thomas' Körper und hilft ihm beim Einführen seines steifen Gliedes.
Stöhnend gleitet Thomas tief in Mias Scheide hinein.
»Ich habe gedacht, es tut weh«, gesteht Mia leise.
»Oje, tut es das?«, fragt Thomas erschrocken.

»Nein, es ist ungewohnt. Aber es tut nicht weh«, gesteht Mia.

»Ich bin ganz vorsichtig«, erwidert Thomas.

Er ist so angestrengt darauf bedacht, nichts falsch zu machen, dass er schwitzt wie ein Marathonläufer.

Mia kichert leise. »Das weiß ich doch.«

»Und wie ist es für dich?«, fragt Thomas.

Mia schließt die Augen und fühlt in sich hinein. Dann öffnet sie die Augen wieder. »Es ist komisch. Aber es fühlt sich auch irgendwie neu und…großartig an.«

»Puh, da bin ich aber beruhigt«, sagt Thomas und atmet erleichtert aus. »Für mich auch.«

***

»Du siehst gleich viel erwachsener aus«, witzelt Emma.

Mia grunzt. »Du bist unmöglich. Reiche mir lieber eine Fruchtschorle, ich bin schon ganz verdurstet!«

Emma und Mia gehen ins Gewächshaus und verkrümeln sich in die Hängesessel.

»Und? Erzähl schon! Wie war dein Wochenende mit Thomas?«, will Emma wissen.

Mia lächelt geheimnisvoll. »Was soll ich sagen?« Sie spannt ihre Freundin absichtlich auf die Folter.

»Ich platze gleich vor Neugier! Wie war's…das erste Mal? Ihr habt doch, oder nicht?«

Mia rubbelt sich nachdenklich über die Nase und tut so, als ob sie überlegen würde. Dann platzt sie lachend heraus. »Umwerfend! Grandios! Phantastisch! Ich kann gar nicht genug davon bekommen.«

Emmas Augen werden immer größer. »Ehrlich? Boah, ich beneide dich!«

»Warum?«, fragt Mia perplex.

»Du hast es schon hinter dir, du Glückliche!«

Mia grinst bis über beide Ohren. »Und hoffentlich noch eine Million Mal vor mir. Thomas ist einfach unglaublich. Ich liebe ihn bis zum Mars und wieder zurück.«
»Dann hattest du einen Höhepunkt?«, fragt Emma plötzlich ganz leise.
Mia runzelt die Stirn. »Höhepunkt?«
Emma wackelt mit dem Kopf. »Orgasmus, du weißt schon. Das, wovon alle schwärmen. Bist du gekommen, als ihr es miteinander getrieben habt?«
»Wie das klingt!«, beschwert sich Mia. »Wir treiben es doch nicht miteinander. Wir lieben uns. Wir haben Sex. ›*Es miteinander treiben*‹ klingt so…billig.«
»Stimmt. Hast du auch wieder Recht«, gibt Emma zu. Sie rollt schwärmerisch mit den Augen. »Ich wünschte, ich hätte auch sturmfreie Bude. Ein ganzes Wochenende nur mit Matthew!«
»Dein Vater ist immer da, oder?«, fragt Mia neugierig.
Emma nickt. »Ja. Und Matthews Eltern fahren auch höchst selten weg.«
»Dann müsst ihr euch davonstehlen. Du sagst deinem Vater, du schläfst bei mir und in Wirklichkeit seid ihr in irgendeiner Waldhütte«, sagt Mia leise kichernd.
Emma schüttelt den Kopf. »Ich muss meinen Papa gar nicht anlügen. Aber ich könnte ihn, Finnja und Oma ins Theater schicken. Am besten so weit weg wie möglich.«
»Ich bin gleich wieder weg«, ruft Oma Kassy von weitem. »Ich habe nur meinen Schal hier liegenlassen.« Sie schnappt sich ihren Schal und grinst. »Na, ihr zwei! Habt ihr Geheimnisse?«
»Nö, wir überlegen nur gerade, wie wir euch so weit weg wie möglich kriegen«, gesteht Emma lachend.
Oma Kassy grinst. »Aha! Ich verstehe. Meine süße, kleine Enkeltochter wird erwachsen. Du brauchst ein sturmfreies

Wochenende mit deinem Matthew? Kein Problem! Ich lade deinen Vater und Finnja übernächstes Wochenende nach Hamburg ins Musical ein. Wollte ohnehin schon lange mal dorthin. Wird Zeit. Tschüss, ihr zwei!« Sie winkt und ist auch schon verschwunden.

»Unglaublich! So einfach ist das? Deine Oma ist echt der Hammer«, sagt Mia erstaunt.

Emma ist ebenfalls schwer beeindruckt. »Und wie!« Sie beugt sich vor. »Und? Wie ist der Sex mit Thomas?«

»Ich hatte noch keinen Orgasmus, falls du das wissen willst«, sagt Mia unwirsch.

Emma verdreht die Augen. »Mia, das solltest du ganz schnell ändern.«

»Wie denn? Ich komme einfach nicht zu irgendeinem Höhepunkt, wenn wir miteinander poppen.«

»Kaum eine Frau kommt beim Poppen. Das ist wissenschaftlich erwiesen«, winkt Emma ab.

»Ich habe da auch schon was anderes gelesen. Es soll gehen, aber nicht bei allen. Aber wie soll es gehen?«, hakt Mia interessiert nach.

Emma holt die Zeitschrift ›Mädchen‹ aus einem Regal. »Hier steht, wie man auf Entdeckungstour geht, damit auch das Mädchen zum Orgasmus kommt.«

Mia beugt sich vor. »Man soll sich schöne Gedanken machen?«

»Ja«, sagt Emma. »Weil das Lustzentrum im Gehirn sitzt. Wenn man seiner Fantasie freien Lauf lässt, wird man von ganz alleine erregt.«

»Hier ist sogar eine Anleitung drin zur Masturbation«, sagt Mia erstaunt.

»Ja. Wobei ich in einem anderen Buch gelesen habe, wie man seine Perle bewegen soll, damit es klappt«, gesteht Emma und holt noch ein Buch aus ihrem Regal.

»Perle?«, hakt Mia nach.

»Deine Klitoris, würde Frau Baum jetzt sagen. Wie war das noch gleich in Sexualkunde? Wir haben doch jedes Detail durchgesprochen, aber nicht, wie man eine Frau beglückt«, sagt Emma fast ein wenig genervt.

»Wahrscheinlich haben die Lehrer Angst, dass wir auf die Idee kommen könnten, es auszuprobieren«, feixt Mia. Sie wird wieder ernst und flüstert: »Dann bist du schon gekommen?«

Emma nickt. »Ja. Matthew ist sehr darauf bedacht, an meiner Muschel zu spielen und meine Perle zu beglücken.«

Mia lacht laut auf. »Das sind echt komische Namen.«

Emma zuckt mit den Schultern. »Findest du ›Scheide‹, ›Steckdose‹, ›Klitoris‹ oder ›Kitzler‹ besser? Ich nicht. Die Wörter sind ja so was von abtörnend. Da vergeht einem ja jegliche Lust.«

»Stimmt. Ich frage mich, wer die erfunden hat. ›*Penis*‹ und ›*Eichel*‹ klingt irgendwie netter«, überlegt Mia. »Darf ich mir das Buch mal ausleihen? Vielleicht wird Thomas ja noch zum perfekten Liebhaber!«

»Natürlich! Nimm es mit und lies ihm gleich daraus vor. Dann lernt ihr beide was.« Emma reicht ihr das Buch und zwinkert ihr zu.

Das Dummy-Projekt

»Und du bist sicher, dass du Boris jetzt einweihen willst? Mitten am Tag und in der Schule?«, fragt Emma zum dritten Mal.
Bella verdreht die Augen. »Ja, ich bin sicher. Er geht mir total aus dem Weg. Ich glaube, er hat eine andere.« Fahrig wischt sich Bella eine Träne aus den Augenwinkeln.
»Und ich dachte, ihr seid ein Paar«, bemerkt Mia ein bisschen traurig.
»Das dachte ich auch. Aber ich habe ihn mit dieser blöden Tussie aus der achten Klasse gesehen«, sagt Bella. Sie streckt ihren Rücken durch und geht auf Boris zu, der neben Lennard und Hannes auf einer Bank sitzt und frühstückt.
»Boris, kann ich dich kurz sprechen?«
Boris blickt auf.
Als er Bella erkennt, verfinstert sich seine Miene. »Ich habe nichts mit dir zu besprechen, Bella. Jetzt lass mich doch endlich mal in Ruhe!«
»Aber ich…«, fängt Bella unsicher an.
»Nichts ›aber‹, du nervst.« Boris winkt sie weg.
Emma, die sich mit Mia im Hintergrund gehalten hat, prescht vor. Sie packt ihn am Kragen und zerrt ihn einmal quer über den Schulhof.
Boris ist so überrascht, dass er keine Gegenwehr leistet.
Mia bemerkt Herrn Knabe, der die Szene von weitem beobachtet.
Offenbar hat er Pausenaufsicht.
Neugierig kommt er näher.

Emma pflanzt Boris auf eine verlassene Bank abseits des Schulhofes. Bella und Mia sind den beiden gefolgt.

»Wenn deine Freundin mit dir reden will, solltest du so höflich sein und zuhören. Man gibt seiner Freundin nicht so patzige Antworten«, flötet Emma Boris an.

Dieser verzieht das Gesicht und reißt sich los. »Lass mich in Ruhe! Nur weil du Karate kannst, musst du dich nicht so aufspielen.« Er wendet sich an Bella. »Also, was ist? Mach's kurz! Ich habe nicht ewig Zeit.«

Bella wird knallrot im Gesicht. Schließlich holt sie tief Luft und sagt: »Ich bin schwanger. Wir bekommen ein Baby.«

Boris starrt sie an, als hätte sie ihm erzählt, dass die Außerirdischen eben gelandet sind und ihn leider mit auf den Mars mitnehmen müssen. Er wendet seinen Blick ab, runzelt die Stirn und schweigt. Dann öffnet er den Mund, will etwas sagen, doch es kommt kein Ton heraus.

»Hast du gehört, was ich gesagt habe?«, fragt Bella mit leiser Stimme nach.

Boris schüttelt den Kopf. »Das glaube ich nicht. Wir haben doch immer aufgepasst. Wir haben…Kondome benutzt.«

»Einmal nicht. Weißt du noch? Am Affenfelsen.« Bella setzt sich zu Boris auf die Bank, doch dieser springt auf, als hätte sie die Pest und sei hochansteckend. »Fass mich nicht an!«

Bella ist ganz erschrocken von seiner heftigen Reaktion.

»Schwangerschaften sind nicht ansteckend«, wirft Emma verärgert ein. »Und da das Kind schon gezeugt wurde, solltet ihr euch lieber mal überlegen, wie es jetzt weitergehen soll.«

»Weitergehen?« Verständnislos schaut Boris zu Emma. Er hebt die Schultern und sieht wirklich verzweifelt aus. »Ich

bin vierzehn! Ich habe mein ganzes Leben noch vor mir. Es geht nicht weiter. Ich will das Kind nicht.« Er setzt sich zu Bella auf die Bank und nimmt überraschenderweise ihre Hand. »Ich will das Baby nicht. Du musst abtreiben! Du musst!«
Bella schluckt. »Ich will aber nicht abtreiben. Es ist mein Körper und meine Entscheidung«, ruft sie fast ein wenig trotzig.
»Aber…es ist doch auch irgendwie meine Entscheidung. Ich bin doch auch daran beteiligt«, stammelt Boris und lässt Bellas Hand los.
»Probleme?«, ertönt Herr Knabes Stimme.
Die Schüler blicken auf.
Boris schüttelt den Kopf. »Keine, die Sie lösen könnten.«
Auch Bella schaut beschämt auf den Boden.
»Was ist hier los?«, fragt Herr Knabe. »Ich rieche doch, das etwas nicht stimmt. Heraus mit der Sprache! Wie kann ich euch helfen.«
Plötzlich bricht Boris in Tränen aus. »Bella ist schwanger. Sie will das Kind nicht abtreiben, aber ich bin doch viel zu jung, um Vater zu sein.«
»Das finde ich allerdings auch. Bella, stimmt das?«, fragt Herr Knabe erschrocken. Er hat offenbar mit allem gerechnet, nur nicht mit einer Schwangerschaft in seiner Klasse.
Bella nickt. »Ich möchte nicht abtreiben. Dazu hätte ich ohnehin nur noch eine Woche Zeit.«
»Du bist schon in der elften Schwangerschaftswoche?«, fragt Herr Knabe erstaunt. »Was sagen denn deine Eltern dazu?«
»Sie wissen es noch nicht«, gibt Bella zu.
Herr Knabe hockt sich im Schneidersitz auf den Asphalt. »Boah, ich muss mich setzen. Das haut mich um.«

»Mich auch«, sagt Boris wütend. »Und ich habe kein Mitspracherecht. Es wird einfach über meinen Kopf hinweg entschieden, dass Bella das Kind kriegt. Warum dürfen Männer das nicht mitentscheiden?«

Herr Knabe hebt eine Hand. »Nun, da hast du nicht ganz Unrecht. Aber wir Männer sind da in einer misslichen Lage. Es ist nicht unser Körper, in den eingegriffen wird. Und daher sind wir die Ohnmächtigen, die das akzeptieren müssen, was die werdende Mutter entscheidet. Und wie wir damit klarkommen, bleibt vollkommen uns überlassen. Leider.« Herr Knabe fährt sich mit beiden Händen übers Gesicht. Plötzlich hat er eine Idee. »Wir starten ein Blitzprojekt.«

»Ein Blitzprojekt?«, hakt Emma verwirrt nach.

»Ja.« Herr Knabe springt auf. »Ich rufe Lisa an. Sie arbeitet beim Jugendamt. Sie wird uns bestimmt helfen.« Er wendet sich kurz ab und telefoniert. Kaum ist er fertig, wendet er sich an seine Schüler. »Morgen geht es los! Wir bekommen sechs Dummys vom Jugendamt gestellt.«

»Was sind denn bitteschön ›Dummys‹?«, fragt Mia perplex.

»Schreiende Babypuppen, die man versorgen muss«, erklärt Herr Knabe und winkt seine Schüler rechtzeitig zum Pausenklingen mit sich.

***

»Guten Morgen! Ich möchte euch heute jemanden vorstellen«, sagt Herr Knabe und legt sechs Babypuppen auf das Lehrerpult.

Eine junge Frau mit mittellangen, brünetten Haaren lächelt.

»Guten Morgen! Ich bin Lisa Sorgenfrei vom Jugendamt. Und wir haben euch heute etwas mitgebracht.« Sie deutet auf die sechs Puppen, die vorne aufgereiht auf dem Tisch liegen. »Wir machen mit euch ein Elternpraktikum. Gemeinsam mit der Beratungsstelle ›pro familia‹ haben wir dieses Projekt ins Leben gerufen, damit…«

Eine der Puppen fängt prompt an zu schreien. Jämmerlich und immer lauter schreit sie, so dass sich die Schüler die Ohren zuhalten.
Lisa Sorgenfrei geht zu den Puppen und nimmt die schreiende Puppe auf den Arm. Augenblicklich wird das Schreien leiser und hört schließlich ganz auf.

»Du meine Güte, sind das etwa diese komischen Babypuppen, die schreien, wenn man sie nicht versorgt?«, ruft Lennard erschrocken.

Lisa Sorgenfrei nickt. »Richtig. Das sind sogenannte ›Baby-Dummys‹.«

»Wozu brauchen wir die? Sollen wir jetzt einen Kurs im Elterndasein machen?«, feixt Lucas.

Lisa Sorgenfrei nickt. »Ja. Könnt ihr euch vorstellen, warum ich euch die Dummys mitgebracht habe?«

Mia meldet sich. »Es gibt bereits Teenager, die schwanger werden oder einen Kinderwunsch haben.«

»Genau«, sagt Lisa Sorgenfrei erfreut, »eigentlich werden Mütter, die ihr erstes Kind bekommen, immer älter, aber im Gegensatz zu Müttern in den Dreißigern gibt es mittlerweile auch eine große Anzahl an Müttern zwischen vierzehn und siebzehn. Wobei wir hier in Deutschland im Vergleich zu anderen Ländern mit etwa 800 Teenagerschwangerschaften im Jahr eher im unteren Bereich liegen. Trotzdem verzichten Teeanger beim Sex gerne auf Verhütung oder sind trotz Sexualaufklärung in der Schule und im Internet nicht genügend aufgeklärt.«

»Wir sind aufgeklärt«, grunzt Hannes. »Also bitte nicht nochmal.«

Lisa Sorgenfrei lächelt. »Ich hatte nicht vor, euch in Sexualkunde zu unterrichten. Aber da wir hier in der Klasse eine Teenagerschwangerschaft haben, ist es angebracht, das Projekt durchzuführen.« Die letzten Worte der Sozialpädagogin lösen großes Geschrei aus.

»Mia, herzlichen Glückwunsch!«, rufen einige.

»Thomas, du Draufgänger! So weit seid ihr schon?«, ruft Lennard. »Wann wird geheiratet?«

Mia und Thomas verdrehen die Augen. Es ist längst kein Geheimnis mehr, dass die zwei ein Paar sind.

»Ich bin nicht schwanger«, ruft Mia verärgert. »Ich weiß, wie man verhütet.«
»Wer hat denn dann in der Klasse gepennt?«, ruft Lennard und schaut sich theatralisch auffällig um. »Emma, du bist doch mit unserem Neuzugang zusammen, oder nicht? Wolltest du kleine Pippis machen?«
»Lass sie in Ruhe!«, knurrt Nils wütend.
»Bist du etwa immer noch in Emma verschossen?«, ruft Hannes genervt. »Es ist doch wohl mehr als deutlich, dass sie dich Rotschopf nicht will. Pippi ist mit Matt zusammen.«
»Jetzt haltet mal alle den Mund!«, ruft Matthew. »Das ist ein ernstzunehmendes Thema. Offenbar hat es jemanden von unseren Mädels erwischt und da ist Hilfe angesagt.«
»Danke, Matthew!«, ruft Herr Knabe laut und klatscht Beifall. »Endlich mal jemand, der sich wie ein angehender Erwachsener benimmt.« Er räuspert sich. Bevor er jedoch etwas sagen kann, erhebt sich Bella. »Ich bin schwanger.«
Staunend betrachten alle Schüler die sonst so schweigsame Mitschülerin.
»Bella? Du kannst reden?«, fragt Hannes mit gespielter Überraschung.
Bella grinst. »Ja, kann ich.«
»Und sie kann offenbar auch noch mehr, sonst wäre sie nicht angepimpert«, ruft Lennard und zwinkert Hannes zu. Auch Boris erntet ein Grinsen, aber der sitzt so stocksteif auf seinem Stuhl, als wünschte er sich ins nächste Mauseloch. Er reagiert nicht.
»Du bist so still, Boris«, platzt Michael plötzlich heraus. »Sag bloß, du bist der Vater?«
»Halt die Klappe, Dickmops!«, kontert Boris.

»Alter, bist du bescheuert, die Alte ohne Gummi zu nageln? Du hast ihr ein Kind gemacht?«, ruft Lennard zutiefst erschrocken. »Warum sagst du nichts, wenn du kein Geld mehr hast für die scheiß Kondome? Ich hätte dir was geliehen.«
Boris winkt ab. Mit hochrotem Kopf sitzt er im Klassenzimmer und wartet sehnlichst darauf, dass sich alle wieder beruhigen.
»Ich habe Kondome benutzt«, sagt Boris schließlich.
»Hast du mal aufs Haltbarkeitsdatum geguckt? Oder darauf, ob die heil sind?«, fragt Hannes.
»Bella, du willst das Baby doch wohl nicht ernsthaft bekommen, oder?«, fragt Linda fassungslos. »Du bist…wie alt?«
»Fünfzehn«, sagt Bella, »und doch, ich freue mich auf das Baby. Es wird wunderhübsch sein.«
»Kein Wunder! Boris ist ja auch einer der hübschesten Jungs der ganzen Schule«, sagt Amelie leise.
Boris schaut überrascht zu Amelie. Er mustert sie, so als müsste er prüfen, ob sie das nächste Mädchen auf seiner Freundinnen-Liste sein könnte.
»Fass bloß meine Schwester nicht an, ja!«, sagt Nils unwirsch. »Reicht jawohl, dass du ein Mädchen geschwängert hast!«
Amelie errötet.
Boris auch.
Trotzdem lächelt er Amelie an.
Herr Knabe hebt eine Hand. »So, nachdem die Katze nun aus dem Sack ist und wir uns alle wieder einigermaßen beruhigt haben, möchten wir euch jetzt in das Projekt einweisen.«
»Ich habe keinen Bock auf die Puppen«, sagt Lennard mürrisch.

»Denkst du etwa ich? Es ist eine absolute Katastrophe, dass Bella schwanger ist«, sagt Boris verstimmt. »Wenn meine Eltern das mitkriegen, brennt der Wald.«

»Die Hälfte der Klasse ist im ›*Dummy-Projekt*‹, die anderen gehen gleich mit mir in den Kindergarten. Die kleinen Racker warten schon auf uns«, sagt Herr Knabe.

»Was sollen wir denn bitte im Kindergarten? Ich will doch kein Kindergärtner werden«, platzt Lennard heraus.

»Du musst ja nicht in die Kita. Du kannst dir gerne einen Baby-Dummy schnappen«, kontert Herr Knabe.

Lennard hebt abwehrend die Hände. »Bloß nicht. Wenn ich die Wahl zwischen Pest und Cholera haben, ziehe ich die Cholera vor.«

»Sehr witzig, Lennard.« Herr Knabe grunzt. Dann teilt er die Schüler ein. Mia und Thomas übernehmen eine Puppe, Emma und Matthew eine sowie Amelie und Lucas. Auch Bella und Boris müssen eine Puppe übernehmen. Linda und Nils opfern sich noch sowie Hannes und Marie.

»Muss ich mit Bella zusammenarbeiten?«, fragt Boris leise.

Lisa Sorgenfrei nickt. »Ja, du musst. Es ist wichtig.«

»Und wie sollen wir das nachts machen? Sollen wir die Dummys etwa mit nach Hause nehmen?«, fragt Linda und wirft Nils fragende Blicke zu.

»Ja. Ihr nehmt die Puppen mit nach Hause und versorgt sie bitte«, sagt Lisa Sorgenfrei. »Ihr seid über einen Computerchip mit den Puppen verbunden. Sie sind so groß wie ein kräftiges, neugeborenes Baby, wiegen also dreieinhalb Kilo und sind etwa dreiundfünfzig Zentimeter groß«, erklärt die Sozialpädagogin. »Ihr müsst sie füttern, im Arm wiegen, nach dem Essen aufstoßen lassen, Windeln und die Kleidung wechseln…auch nachts, wenn ihr Pech habt.«

»Das heißt, wir bekommen ein ganzes Paket mit?«, fragt Mia.
»Ja, genau. Wie ihr sehen könnt, sehen eure Babys auch gut aus. Ich habe keine Babys mit Alkohol- oder Drogenschädigung genommen«, sagt Lisa Sorgenfrei.
»Oh Gott, gibt es etwa Babypuppen mit Schädigungen?«, fragt Emma erschrocken.
Lisa Sorgenfrei nickt und sagt seufzend: »Leider haben wir auch immer wieder mit Müttern zu tun, die während der Schwangerschaft Alkohol trinken oder Drogen nehmen. Die Babys sind dann stark untergewichtig, zittern unkontrolliert und schreien sehr viel und schrill. Sie haben Entzugserscheinungen, wenn sie geboren werden, weil sie im Mutterleib ja an die Drogen, Zigaretten oder den Alkohol gewöhnt werden.«
»Das ist echt gruselig«, sagt Nils stirnrunzelnd. Dann wendet er sich an Bella. »Wage es ja nicht, Alkohol zu trinken oder zu kiffen, wenn du das Baby behalten willst! Das ist echt unverantwortlich und rücksichtslos.«
Bella hebt beide Hände. »Keine Sorge. Bin eh kein Fan von dem Zeug.«
»Naja, Alkohol hast du auch schon getrunken«, wirft Boris ein.
»Aber nicht, seitdem ich schwanger bin. Meine Ärztin hat erklärt, dass die Babys Herzrhythmusstörungen bekommen, wenn die Mütter trinken oder rauchen. Das will ich meinem Kind nicht antun«, sagt Bella sehr überzeugend.
»Sollen wir unsere Dummys und unsere Partner über Nacht mit nach Hause nehmen?«, mischt sich Emma grinsend in das Gespräch.
Lisa Sorgenfrei räuspert sich. »Nun, da das Projekt von heute bis Montag dauert, also knapp fünf Tage lang, könnt

ihr euch abwechseln. Oder ihr fragt eure Eltern, ob ihr euren Partner mit nach Hause bringen dürft.«
Herr Knabe verschwindet mit der Hälfte der Klasse, um den Tag in der Kita Bärenklau zu verbringen.
Nachdem Lisa Sorgenfrei die Projektteilnehmer eingewiesen hat, bekommt jeder einen Dummy mit Kinderwagen, Windeln, Kleidung und Nahrung gestellt.

***

»Sie schreit, obwohl wir mit ihr spazieren gehen«, sagt Mia fast ein wenig verzweifelt. Sie schaukelt den Kinderwagen etwas doller. Bei ihrer kleinen Schwester Stella hatte das in den ersten Wochen oftmals etwas gebracht und sie hatte sich beruhigt.
Thomas beugt sich über den Kinderwagen. Er nimmt das Babymädchen auf den Arm und klopft ihr auf den Rücken.
Es ertönt ein Rülps, dann ist die Puppe ruhig. »Sie hatte noch Luft im Bauch«, sagt Thomas fachmännisch.
Mia ist sichtlich beeindruckt. »Wow! Du bist echt klasse. Nur gut, dass ich dich in meinem Team habe.« Mia stellt sich auf die Zehenspitzen und gibt Thomas einen Kuss.
Lächelnd legt Thomas die Puppe zurück in den Kinderwagen.
»Na, hallo! Was macht ihr zwei Turteltauben denn hier? Habt ihr einen Job als Babysitter angenommen?«, ruft Thomas' Vater. Er winkt Mia und Thomas und überquert die Straße.
»Hallo Hans«, begrüßt Mia Hans Wietmüller.
Letzte Woche hatte er Mia das ›Du‹ angeboten.
»Hallo Papa! Nee, das ist ein Dummy. Eine lebensechte Babypuppe. Wir machen ein Elternpraktikum«, erklärt

Thomas und grinst bis über beide Ohren. »Mal sehen, ob wir euch bald schon zu Großeltern machen können.«
Hans Wietmüller stöhnt. Dann lacht er. »Du Naseweis, da lasst euch lieber noch etwas Zeit mit.«
»Was machst du hier am helllichten Tag?«, fragt Thomas mit einem Blick auf seine Armbanduhr.
»Ich war bei einem Mandanten. Der verlangt ernsthaft von mir, dass ich bei seiner minderjährigen Tochter eine Abtreibung veranlasse. Sind die Leute heute eigentlich alle so doof oder wissen die nicht, dass ich so etwas als Anwalt gar nicht regeln kann?«
»Ich kann mir gut vorstellen, wer das war«, bemerkt Mia und blickt ganz komisch zu Thomas.

»Echt? Warum macht ihr überhaupt so ein merkwürdiges Praktikum? Gibt es in eurer Klasse Teenies mit Kinderwunsch? War das angekündigt?«

»Nein«, sagt Mia schulterzuckend, »eine Mitschülerin von uns ist schwanger und damit sie sich den Schritt nochmal gut überlegen kann, hat Herr Knabe ein Blitzprojekt ins Leben gerufen. Wir sind sechs Teams. Die anderen sind im Kindergarten.«

Die Babypuppe fängt erneut an zu schreien.

Mia verdreht die Augen. »Nicht schon wieder. Was hat sie denn jetzt?«

Hans Wietmüller schaut in den Kinderwagen. »Sieht wirklich echt aus! Müsst ihr sie ernsthaft füttern und wickeln?«

Mia und Thomas nicken.

Hans rubbelt sich über die Nase. »Habt ihr sie schon gefüttert?«

»Vor einer Stunde«, sagt Mia.

»Vielleicht ist die Windel voll«, mutmaßt Hans.

Ein Auto kommt neben ihnen zum Stehen.

Mia erschrickt, als ihr Vater aus dem Wagen springt und wie ein Irrer auf den Bürgersteig springt. »Mia! Ich fasse es nicht! Da bist du nur wenige Wochen bei deiner Mutter, was uns im Übrigen das Herz gebrochen hat, und schon hast du ein Baby?« Tom Maibaum kommt neben Mia und Thomas zum Stehen.

»Bist du denn wahnsinnig geworden? Du versaust dir dein ganzes Leben! Und du«, wütend richtet sich Mias Vater an Thomas, »hast ihr das angetan! Ich wusste ja gleich, weshalb ich dich nicht in meinem Haus haben wollte.«

»Bist du fertig, Tom?«, mischt sich nun Thomas' Vater ein.

Tom Maibaum scheint Hans Wietmüller erst jetzt zu bemerken. »Hans! Was machst du denn hier? Musst du gar nicht arbeiten? Begutachtest du dein Enkelkind? Du scheinst dich ja darüber zu freuen.« Mias Vater fährt sich mit den Händen durch die Haare. »Oh mein Gott! Meine Tochter ist gerade mal vierzehn geworden und hat schon ein Baby! Ich wusste, dass es ein Fehler war, dich zu deiner Mutter zu lassen.« Mias Vater beugt sich vor. »Und deine Mutter hat mich bereits angesprochen, weil sie zurück nach Südafrika will. Sie hat mich gebeten, dich wieder bei uns aufzunehmen. Aber mit dem Ding da?«

»Papa! Du bist echt unmöglich. Das ist dein Enkelkind«, foppt Mia ihren Vater. »Wie kannst du so reden? Es ist dein Fleisch und Blut.«

Mias Vater sieht aus, als wenn er gleich zusammenbrechen würde. Er hat einen hochroten Kopf und kann nur mühsam die Tränen zurückhalten.

»Herr Maibaum«, sagt Thomas mit ernster Miene, »das ist eine Babypuppe. Wir führen ein Schulprojekt durch. Auch bei Teenagern dauert eine Schwangerschaft neun Monate lang. Da gibt es keine Ausnahme. So etwas wie Blitzschwangerschaften, die innerhalb von zwei Monaten über die Bühne gehen, gibt es nicht.«

»Was? Eine Puppe?« Mias Vater guckt die beiden Teenager fragend an, dann beugt er sich über den Kinderwagen. »Das ist ja wirklich eine Puppe.«

»Und wir müssen sie jetzt versorgen, Papa«, sagt Mia und schiebt ihren Vater beiseite, damit sie die Puppe aus dem Wagen heben kann. Thomas holt unterdessen eine Unterlage und eine Windel heraus.

»Leg sie doch auf den Wagen! Dann wickele ich sie schnell«, bietet Thomas an.

Mia nickt und legt das falsche Baby auf die Bettdecke. Geschickt zieht Thomas dem Dummy die nasse Hose aus und wechselt die Windel. Dann zieht er dem Dummy eine trockene Hose an. Grinsend hebt er die Puppe hoch, lächelt, gibt ihr einen Kuss und legt sie zurück in den Kinderwagen.

Hans Wietmüller betrachtet seinen Sohn mit stolzgeschwellter Brust. »Ich wusste gar nicht, dass du so fürsorglich sein kannst, Thomas. Das hast du richtig gut gemacht.«

Thomas grinst und zwinkert seinem Vater zu. »Tja, Papa, du weißt ganz viele Dinge von mir nicht.«

»Ich bin echt beeindruckt, Thomas. Das hast du wirklich gut gemacht«, lobt Mias Papa.

Mia streichelt Thomas' Arm. »Er ist ja auch mein Freund. Hast du gedacht, ich suche mir irgendeinen Idioten aus?«

Mias Vater stutzt, schaut seine Tochter lange an und breitet schließlich seine Arme aus. »Es tut mir leid, Mia, dass ich so hässlich zu dir war. Ich war eifersüchtig. Ich wollte nicht, dass mein kleines Mädchen so schnell erwachsen wird. Natürlich weiß ich, dass du dich nicht jedem an den Hals schmeißt. Bitte komm nach Hause zurück!«

Mia zögert. Sie guckt zu Thomas, der unauffällig nickt. »In Ordnung, Papa. Aber nur unter einer Bedingung…«

»Ich höre!«, sagt Tom Maibaum nervös.

»Du akzeptierst, dass ich mit Thomas zusammen bin. Wir lieben uns und ich will ihn jederzeit sehen können. Er darf uns besuchen und ich ihn.« Fast ein wenig ängstlich wartet Mia auf eine Antwort.

Schließlich seufzt Mias Vater ergeben. »In Ordnung. Einverstanden.«

»Darf Thomas auch bei uns übernachten?«, bohrt Mia weiter.

Misstrauisch beäugt Tom Maibaum seine Tochter. »Herr im Himmel, wo ist nur mein kleines Mädchen geblieben?«

Mia umarmt ihren Vater, der sie ganz fest drückt.

»Unsere Kinder werden erwachsen, Tom«, sagt Hans und klopft seinem ehemaligen Schulkameraden auf die Schulter. »Gönnen wir den beiden ihr Liebesglück. Mia, zu uns darfst du jederzeit kommen. Wir haben dich sehr ins Herz geschlossen.«

»Danke, Hans«, erwidert Mia.

Verwirrt schaut Mias Papa zwischen den beiden hin und her. »Ihr duzt euch?«

»Ja. Ich werde meiner Schwiegertochter in spe jawohl das ›*Du*‹ anbieten dürfen, oder?«, empört sich Hans Wietmüller.

Tom Maibaum stöhnt leise. »Natürlich. Da habe ich in den letzten Wochen wohl einiges verpasst, was?«

»Hast du Papa«, sagt Mia. »Aber jetzt müssen wir unsere Puppentochter noch etwas spazierenfahren.«

»Kommst du heute schon nach Hause?«, fragt Mias Papa.

Mia blickt zu Thomas. »Eigentlich müssen wir die Puppe Tag und Nacht betreuen und ich habe schon mit Thomas vereinbart, dass wir bei ihm schlafen.«

»Dann kommt ihr eben morgen mit dem Schreihals zu uns. Okay?«, bietet Mias Vater an. Er wendet sich an Thomas und reicht ihm die Hand. »Tut mir leid, dass ich so blöd zu dir war.«

»Ist schon in Ordnung, Herr Maibaum«, erwidert Thomas großzügig.

Mia tauscht einen schnellen Blick mit Thomas aus, dann nickt sie. »In Ordnung. Wir wechseln einfach hin und her. Aber für Fritz und die Pinguine dürfte die Puppe nichts sein.«

»Dann sagst du deiner Haustierbande eben nur kurz ›Hallo‹ und gehst dann am Samstag mit zu Thomas«, schlägt Mias Papa vor.
Mia ist einverstanden und umarmt ihren Vater kurz zum Abschied.

Der Rauswurf

»Boah, ich bin echt froh, dass wir das Baby wieder abgeben konnten«, stöhnt Matthew. »Immer, wenn wir Sex haben wollten, fing das Baby an zu schreien.«
Mia lacht laut auf. »Ernsthaft? Ihr habt euer erstes Mal doch wohl nicht etwa auf das Projektwochenende verlegt, oder?«, platzt sie heraus.
»Du weißt davon?«, fragt Matthew perplex.
Thomas winkt ab. »Das sind Mädels, Matt. Glaubst du ernsthaft, die unterhalten sich über Kuchenrezepte?« Er zieht Mia in seinen Arm und drückt ihr einen zärtlichen Kuss auf.
Emma schüttelt den Kopf. »Oma Kassy hat meinen Dad und Finnja erst nächstes Wochenende nach Hamburg eingeladen. Vorher ist nix mit ernsthaftem Sex.«
»Es gibt ›ernsthaften‹ Sex?«, fragt Thomas perplex.
»Okay, Themenwechsel«, ruft Matthew peinlich berührt. »Hat eure Puppe auch so viel gefuttert? Meine Güte, ständig mussten wir ihr das Fläschchen geben. Dann hat sie die Luft nicht aus dem Bauch gekriegt und rumgeschrien. Vom Windelwechseln will ich gar nicht reden.«
Mia lehnt sich gegen Thomas' Schulter. »Also, Thomas hat das Wickeln echt super gemacht. Ein richtig toller Papa! Der Beste, den ich mir für meine Kinder wünschen würde.«
»Ehrlich?« Thomas blickt Mia verliebt in die Augen.
»Prima, dann seid ihr ja bestens vorbereitet, falls die Pille bei euch versagt«, sagt Emma fast ein wenig genervt.
»Wir haben uns nicht so gut geschlagen. Ich glaube, das

Thema ›Kinderkriegen‹ verschieben wir noch um etwa einhundert Jahre.«

Mia blickt zu ihrer Freundin. »Wir auch. Oder hast du geglaubt, dass wir morgen gleich loslegen, weil wir das Projekt so gut gemeistert haben?«

»Genau. So eine Puppe kann man wieder abgeben. Ein Baby nicht«, wirft Thomas ein.

»Bella, ist alles in Ordnung mit dir?«, ruft Mia, als sie ihre Klassenkameradin von weitem sieht.

Schluchzend hält sich Bella die Hände vors Gesicht. Sie läuft an der kleinen Gruppe vorbei über den Sportplatz.

Mia und Emma erheben sich seufzend. »Wir gehen dann mal gucken, was unsere werdende Mama hat.«

Die Mädchen lassen die Jungs auf den Bänken zurück. Kurz darauf kommen sie wieder mit Bella im Schlepptau.

»Alles in Ordnung?«, fragt Thomas besorgt.

»Bellas Eltern haben sie rausgeworfen«, erzählt Mia.

Mit einem Satz ist Matthew auf den Beinen. »Was? Warum? Sind die bescheuert?«

Bella blickt auf. »Ich habe ihnen erzählt, dass ich schwanger bin und das Baby nicht abtreiben werde. Ich habe den Baby-Dummy ganz gut im Griff gehabt. Auch wenn Boris keinen Finger gerührt hat.«

»Daran wirst du dich gewöhnen müssen«, platzt Emma heraus. »Boris will das Kind nicht. Du wirst dir also vorher im Klaren sein müssen, ob du das Kind auch alleine großziehen willst.«

»Du bist ja brutal«, schluchzt Bella beleidigt.

»Ist sie nicht«, sagt Matthew. Er legt einen Arm um Emmas Schultern. »Emma hat Recht. Boris will das Baby nicht. Er ist vierzehn. Das ist kein Alter, in dem man Vater werden will. Darum musst du dir wirklich sicher sein, ob du das alleine durchziehen willst.«

»Vielleicht überlegt Boris es sich anders, wenn das Baby da ist?«, wirft Thomas ein.

»Meinst du wirklich?«, fragt Mia nach. »Warum sollte er seine Meinung ändern?«

»Weil so ein Baby süß ist. Ich würde unser Früchtchen auch nicht verschmähen«, sagt Thomas leise und knabbert an Mias Ohrläppchen.

Mia gluckst leise. Dann wird sie wieder ernst. »Was willst du jetzt tun, Bella?«

Bella zuckt mit den Schultern.

»Am besten gehen wir zu mir und reden mal mit meiner Oma«, schlägt Emma vor. »Die weiß immer Rat.«

***

»Hallo Oma!«, sagt Emma und winkt ihrer Großmutter zu. Oma Kassy legt den Unkrautjäter weg und begrüßt die kleine Clique. »Hallo ihr fünf! Was habt ihr denn vor?«

»Wir brauchen deinen Rat, Oma«, sagt Emma mit ernster Miene.

Oma Kassy blickt ihre Enkeltochter an, dann nickt sie. »Verstehe. Ich komme. Am besten gehen wir raus aufs Feld.« Sie durchlaufen die Gewächshäuser und gehen zu einem riesigen Feld, auf dem Obstbäume angepflanzt werden. Hier sind sie ungestört.

»Hallo Mia!«, ertönt plötzlich eine Frauenstimme hinter ihnen.

»Sophie!«, ruft Mia überrascht und umarmt ihre Stiefmutter. »Was machst du denn hier?«

»Ich kaufe einen Baum«, antwortet Sophie lächelnd. »Und ihr? Ihr seht alle so ernst aus.«

Oma Kassy deutet auf ein paar Bänke. »Dort drüben können wir Kriegsrat halten.«

»Wenn ihr Hilfe braucht, sagt Bescheid«, ruft Sophie ihnen hinterher.

»Machen wir, danke!« Mia winkt Sophie kurz zu.

»Dann schießt mal los! Wo drückt der Schuh?«, fragt Oma Kassy.

»Bella braucht eine Unterkunft«, sagt Mia leise.

Oma Kassy rümpft die Nase. »Warum das denn? Sind deine Eltern ausgeflogen und du hast den Schlüssel vergessen?« Sie lacht leise, aber niemand lacht mit.

»Bella ist schwanger. Und Bellas Eltern haben sie rausgeworfen, weil sie nicht abtreiben will«, bringt es Emma auf den Punkt.

Oma Kassy schluckt. »Ich habe ja mit allem gerechnet, aber nicht damit! Bella, du steckst ja richtig im Schlamassel!«

Bella nickt. »Ich weiß.« Verschämt blickt sie auf ihre Hände. »Aber ich kann doch nicht abtreiben, nur weil meine Eltern mich nicht mehr haben wollen.«

»Nein. Das ist kein Grund. Du würdest ihnen diese Entscheidung niemals verzeihen. Wenn du dich für das Baby entschieden hast, dann solltest du bei der Entscheidung bleiben«, stimmt Oma Kassy ihr zu. »Was sagt denn der Vater des Kindes dazu? Kannst du bei ihm wohnen?«

Bella lacht hämisch auf. »Bei Boris? Nie im Leben! Der kennt mich gar nicht mehr.«

Oma Kassy seufzt. »Ja, ja, solche männlichen Exemplare gab es schon zu meiner Zeit und es wird sie auch immer geben. Sie haben ihren Spaß, aber wenn es ernst wird, dann kneifen sie.«

»Sophie!«, sagt Mia und springt fast ein wenig erschrocken von der Bank auf. Sie hatte nicht gesehen, dass ihre Stiefmutter sich genähert hatte. »Bleib sitzen, Mia! Ich wollte dich nur fragen, ob du zum Abendessen kommst.«

Mia blickt zu Thomas.

Der zuckt mit den Schultern.

»Können wir dir gleich Bescheid geben? Wir haben noch etwas Wichtiges zu besprechen.«

»Lass nur, Mia«, winkt Bella ab. »Mir kann niemand helfen. Ich schätze, ich muss da alleine durch. Ich quartiere mich einfach im Wald ein und hause da, bis das Baby da ist.«

»Baby? Bist du schwanger?«, fragt Sophie mit besorgter Miene.

»Ja.« Bella nickt betreten.

»Wow!« Sophie setzt sich auf den freien Platz neben Oma Kassy. »Reife Leistung in deinem Alter. Und deine Eltern sind damit einverstanden, wenn du im Wald wohnen willst?«

Bella schüttelt den Kopf. »Es interessiert sie gar nicht. Sie haben mich rausgeworfen. Und falls Sie das auch noch wissen wollen, der Vater des Kindes hasst mich.«

Mia schneidet eine Grimasse. »Bella, Boris hasst dich doch nicht!«

»Doch«, sagt Thomas trocken, »ich befürchte, das tut er.«

Alle blicken Thomas an.

Dieser zuckt mit den Schultern. »Bella, ihr hättet wirklich besser aufpassen sollen. Ihr seid beide auf dem Gymnasium. Da kann man doch davon ausgehen, dass ihr zwei schlau genug seid, damit es nicht in die Hose geht. Und jetzt bist du so verbohrt, dass du das Baby unbedingt bekommen willst, obwohl deine Eltern dich nicht einmal unterstützen und Boris abkotzt.«

»Klare Worte, Thomas«, sagt Emma fast ein wenig anerkennend.

»Irgendjemand muss Bella ja mal die Wahrheit sagen. Was nützt es ihr, wenn wir ihr alle Honig ums Maul

schmieren? Bella, es ist total dumm, was du vorhast«, sagt Thomas.
»Du hast leicht reden«, beschwert sich Bella, »du bist ja auch nicht schwanger.«
»Nein, bin ich nicht. Aber ich finde trotzdem, dass du so mutig sein solltest, es abzutreiben, um später mit einem Mann Kinder zu bekommen, der dich liebt. Boris liebt dich nicht. Er benutzt die Mädchen nur als Spielball«, sagt Thomas.
Sophie räuspert sich. »Okay, aber ich denke, wir brauchen trotzdem eine Lösung für Bella. Im Wald wohnen ist sicherlich nicht der richtige Weg.«
Leise schluchzend sitzt Bella auf der Bank und knetet ihr Taschentuch.
Mia steht auf und geht zu ihr. Sie legt ihr einen Arm um die Schultern. »Sei mal ganz ehrlich zu dir, warum willst du das Baby bekommen? Hoffst du, dass Boris zu dir zurückkommt, wenn er das Kind sieht oder willst du deinen Eltern eins auswischen?«
Entsetzt schaut Bella Mia an. »So was denkst du von mir?«
Mia zuckt mit den Schultern. »Ich habe keine Ahnung, was ich denken soll. Ich kann es nicht nachvollziehen, dass du dir so früh schon so viel Verantwortung aufbürden willst. Ich fand es wahnsinnig anstrengend, den Baby-Dummy zu versorgen.«
»Ich nicht. Es wird bestimmt toll mit dem Baby«, sagt Bella lächelnd.
Mia verdreht die Augen und setzt sich wieder zu Thomas.
»Eine Freundin von mir arbeitet in einem Mutter-Kind-Heim. Soll ich sie mal anrufen, ob sie noch einen Platz für dich frei hat?«, fragt Sophie.
Bella nickt. »Ja, gerne.«

Mutter-Kind-Heim

»Hallo Sophie! Gut, dass du mich angerufen hast.« Eine grauhaarige Frau um die Fünfzig umarmt Sophie Maibaum. Dann wendet sie sich an Bella. »Hallo, du musst Bella sein. Ich bin Martina Emmert. Die Heimleiterin der ›Arche‹. Herzlich Willkommen!«

Bella reicht Frau Emmert die Hand. »Guten Tag!«
Frau Emmert nimmt Bella die kleine Reisetasche ab. »Wir haben das blaue Zimmer für dich hergerichtet. Da wirst du mit deinem Baby wohnen können.«
»Ich darf auch bei Ihnen bleiben, wenn das Baby schon geboren worden ist?«, fragt Bella überrascht.
Frau Emmert nickt. »Natürlich. Wir helfen dir, dich auf ein selbständiges Leben mit deinem Kind vorzubereiten. Du lernst, wie man seinen Alltag strukturiert und sein Leben auf das Wohl deines Kindes ausrichtet, ohne selbst dabei zu kurz zu kommen.«
»Dann wohnen Sie hier in einer Art Wohngemeinschaft?«, will Mia wissen.
Frau Emmert nickt. »Ja. Wir haben vier Wohngemeinschaften mit jeweils sechs Mädchen. Wir helfen alleiner-

ziehenden Müttern eine gute Mutter-Kind-Beziehung aufzubauen. Und damit Bella nach der Geburt wieder zur Schule gehen kann, gibt es bei uns im Haus auch eine Kinderbetreuung.«

»Sie sind aber gut aufgestellt«, lobt Emma. »Und wer bezahlt das alles?«

Erschrocken hält Bella inne. Sie hat überhaupt nicht darüber nachgedacht, dass so eine Unterkunft auch Geld kostet. Frau Emmert bemerkt Bellas Stimmungswechsel und legt ihr eine Hand auf den Arm. »Keine Sorge, Bella, das Jugendamt übernimmt hierfür die Kosten. Du bist minderjährig und, wie Sophie am Telefon meinte, bekommst du keine Unterstützung von dem Vater des Kindes.«

Bella nickt. »Ja. Er will das Kind nicht.«

»Hier gibt es einige Mädchen, die in einer ähnlichen Situation sind wie du. Wir haben auch Gesprächsgruppen. Da kommt es zu einem guten Austausch und du wirst schnell sehen, dass du nicht alleine bist mit deinem Problem«, sagt Frau Emmert. Sie schließt ein Zimmer auf und öffnet die Tür.

Neugierig betritt Bella das blaue Zimmer. Die Wände sind hellblau angemalt, die Schränke leuchten in kräftigem Königsblau. An der Wand steht ein großes Bett, daneben ist ein Babybett. Auf der anderen Seite steht ein Sofa neben einem kleinen Schreibtisch.

»Das sieht sehr hübsch aus«, sagt Bella.

»Es freut mich, dass es dir gefällt, Bella.« Frau Emmert überreicht Bella ein paar Zettel. »Wir werden gleich noch ein paar Formalitäten erledigen müssen. Das Jugendamt wird von deinem Umzug informiert, damit alles seinen Gang geht.«

»Werden meine Eltern auch informiert?«, fragt Bella schüchtern.

Frau Emmert nickt. «Ja, Bella. Sie haben das Sorgerecht für dich. Und es kann sogar sein, dass sie an den Unterbringungskosten beteiligt werden.«
Bella fängt an zu weinen. »Bloß nicht! Dann werden sie mich noch mehr hassen!«
»Okay, ich rede mit Frau Sorgenfrei vom Jugendamt. Vielleicht finden wir vorerst eine andere Lösung«, lenkt Frau Emmert ein. »Aber versprechen kann ich dir das nicht. Frau Sorgenfrei wird sicherlich deine Eltern aufsuchen müssen.«
»Meine Eltern werden sie gar nicht ins Haus lassen«, prophezeit Bella.
»Dann ist das eben so. Auch damit kommen wir klar. Es gibt nichts, was wir nicht lösen können. So, ich lasse euch jetzt mal für die nächste Stunde alleine. Um halb sechs gibt es Abendessen. Sei bitte pünktlich«, bittet Frau Emmert und verabschiedet sich.
Bella nickt. Seufzend lässt sie sich auf das kleine Sofa plumpsen. »Mein Leben ist eine Katastrophe!«
Mia und Emma setzen sich zu ihr.
»Lass den Kopf nicht hängen! Hier gibt es ganz viele Mädchen, die dasselbe Problem haben wie du. Du wirst sehen, in ein paar Tagen kannst du schon wieder lächeln«, versucht Mia sie aufzumuntern.
»Und was mache ich, wenn das Baby da ist?«, fragt Bella nervös.
Emma deutet auf das Babybett. »Dann bist du hier drinnen auch bestens versorgt. Frau Emmert ist doch nett. Sie wird dir helfen, dich zurecht zu finden.«
»Genau. Und wenn du irgendwann alleine klarkommst«, mischt sich Sophie ein, »dann kannst du dir eine eigene Wohnung suchen und wirst von den Erziehern hier noch

nachbetreut. Du musst dir also überhaupt keine Sorgen machen.«

»Ich habe das Gefühl, die Welt ist eingestürzt und ich bin die einzige Überlebende«, gesteht Bella leise.

»Das kommt dir nur so vor, weil deine Eltern und Boris so rücksichtslos sind und dich einfach aus ihrem Leben ausschließen«, sagt Emma. »Aber meine Oma sagt immer, was uns nicht tötet, das härtet uns ab. Du wirst aus dieser Erfahrung wachsen, Bella!«

Bella versucht zu lächeln. »Schade, dass ich nicht so tolle Eltern habe wie ihr.«

Mia reicht ihr ein Taschentuch. »Vielleicht lenken deine Eltern ja noch ein. Und nun trockne dir die Tränen! Wir können noch eine Runde Karten spielen, bis du zum Essen musst.«

***

»Schade, dass die Winterferien vorbei sind«, sagt Mia. »Jetzt geht der Stress richtig los. Habt ihr gesehen, wie viele Arbeiten wir noch bis Ostern schreiben müssen?«

»Ich habe auch keine Lust aufs Pauken. Wofür lernen wir das alles eigentlich?« Emma verdreht die Augen.

Thomas umarmt Mia von hinten und beißt ihr in den Nacken. »Ich könnte auch noch mehr Ferien gebrauchen. Ich habe noch gar nicht alle Gebiete erkundet.«

»Kein Sex im Klassenzimmer«, ruft Nils genervt.

Emma und Mia kichern leise.

»Du bist doch nur neidisch«, kontert Mia. Im selben Augenblick tut es ihr leid. Sie sieht, wie Nils einknickt und sich wegdreht. Schnell läuft sie zu ihm und legt ihm eine Hand auf die Schulter. »Tut mir leid, Nils! Das war nicht so gemeint.«

»Ist schon gut«, winkt Nils ab. Er lächelt tapfer. Es ist ein offenes Geheimnis, dass er total in Emma verschossen ist. Und das, obwohl sie schon seit Monaten mit Matthew zusammen ist.
»Bella!«, ruft Amelie erstaunt.
Mia dreht sich um.
Bella hat soeben den Klassenraum betreten.
Ihr Bauch sieht aus, als hätte sie einen Basketball verschluckt. Gequält lächelnd hebt sie eine Hand und lässt sich erschöpft auf einen Stuhl fallen. »Was? Noch nie einen Ball kurz vorm Platzen gesehen?«
Amelie kichert leise.
Mia geht zu Bella und legt ihr mitfühlend eine Hand auf den Arm. »Das sieht echt übel aus. Du bist ganz schön dick geworden.«
Bella schneidet eine Grimasse. »Ich habe sogar schon Probleme, mir die Schuhe alleine zuzubinden. Beim Sockenanziehen fühle ich mich wie eine Akrobatin.«
»Die Suppe hast du dir selbst eingebrockt. Nun brauchst du hier nicht herumzujammern«, platzt Boris heraus, der soeben das Klassenzimmer betreten hat. »Niemand hat dich gezwungen, das Kind zu bekommen.«
Mia erhebt sich und geht auf ihren Platz. Dabei tauscht sie einen vielsagenden Blick mit Thomas aus. Dieser wendet sich an Boris. »Du könntest trotzdem etwas netter zu Bella sein. Schließlich kriegt sie dein Kind!«
Boris bleibt stehen und pfeffert wütend seine Schultasche auf den Tisch. »Es ist mir durchaus bewusst, dass Bella mein Kind bekommt. Und ich habe so was von gar keinen Bock drauf, das kannst du wissen! Ich hasse Bella. Und ich hasse das Baby. Ich bin vierzehn. Ich habe kein Bock drauf, Vater zu sein. Ich will mein Leben genießen.«
Es ist mucksmäuschenstill.

Mia setzt sich hin.

Thomas rutscht auf den Stuhl neben ihr. Still ergreift er ihre Hand und drückt sie. Dann beugt er sich zu ihr hinüber. »Wenn dir das passieren würde, würde ich zu dir stehen. Egal, wie du dich entscheiden würdest, ich würde das akzeptieren. Und wenn du unser Baby kriegen wollen würdest, dann wäre ich der stolzeste Mann der Welt. Schließlich würden wir das hübscheste Baby aller Zeiten bekommen.«

Mia blickt ihren Freund an.

Was hat sie nur für ein Glück mit Thomas.

Lange schaut sie ihm in die Augen.

»Früher fand ich dich unausstehlich, Thomas Wietmüller«, sagt sie leise grinsend.

Thomas lächelt spitzbübisch.

»Ich weiß. Das war ich bestimmt auch.«

»Aber heute liebe ich dich so sehr, dass mir das Herz brechen würde, wenn du Schluss machen würdest«, gesteht Mia.

Thomas zieht Mia vom Stuhl auf seinen Schoß. »Ich liebe dich auch! Du bist das schönste und klügste Mädchen der Welt.« Er küsst sie so innig, dass einige Klassenkameraden laut aufjohlen.

Das wiederum löst bei Bella einen Weinkrampf aus. Schluchzend sitzt sie auf ihrem Platz, bis Herr Knabe das Klassenzimmer betritt.

»Bella!«, sagt der Klassenlehrer bestürzt. »Um Himmels Willen, was ist los?«
Bella fuchtelt mit der Hand herum. Sie zeigt auf Mia und Thomas, die noch immer eng umschlungen auf dem Stuhl hocken. Herr Knabe winkt die zwei gemeinsam mit Bella aus dem Klassenzimmer.
Draußen auf dem Flur bittet er um Aufklärung. »Was ist passiert?« Er bemerkt Bellas Bauch und pfeift durch die Zähne. »Wow, Bella! Du hast echt eine Kugel bekommen.«
Das veranlasst Bella nur noch mehr zum Weinen.
Mia seufzt. »Boris war eben nicht sonderlich nett zu ihr.«
Herr Knabe verdreht die Augen. Dann legt er Bella eine Hand auf die Schulter. »Bella, bitte versuche, dich zu beruhigen! Du hast jetzt natürlich einen ganzen Schub an Hormonen. Darum weinen werdende Mütter auch so viel. Das macht überhaupt nichts. Wenn es nicht geht, musst du eben nach Hause gehen.«
Bella jault auf. »Ich habe kein Zuhause mehr.«
»Oh mein Gott«, ruft Herr Knabe erschrocken. »Was? Warum das? Warum weiß ich davon nichts?«
»Bella ist doch jetzt schon ein paar Wochen im Mutter-Kind-Heim«, erklärt Mia. Sie wendet sich an Bella. »Das meinte Herr Knabe auch.«
Bella schluchzt. »Da ist es so kalt.«
»Haben die keine Heizung?«, fragt Thomas erschrocken.
Bella lächelt durch ihre Tränen hindurch. »Doch nicht so eine Kälte, du Dummie! Ich vermisse meine Eltern. Ich vermisse einen Freund an meiner Seite. Ich bin ganz allein. Ich habe nur das Baby in meinem Bauch und das kann nicht reden. Ich fühle mich furchtbar.«
Nervös fährt sich Herr Knabe übers Gesicht. »Ich kann gut verstehen, dass du dich einsam und im Stich gelassen fühlst, Bella. Das geht leider heutzutage vielen alleinste-

henden Schwangeren so. Ein Baby zu bekommen sollte eigentlich das Schönste auf der Welt sein, etwas, was man mit seinem Partner teilt. Und du musst das ganz alleine durchmachen.«

»Warum kann ich nicht so viel Glück haben wie Mia?«, fragt Bella schniefend.

Verwirrt schaut Herr Knabe zu Mia. »Bist du etwa auch schwanger? Gott, was ist denn hier los? Wollt ihr die Statistik von ganz Deutschland in Schwung bringen? Habt ihr denn noch nie was von Verhütung gehört? Ich meine, ich weiß ja, dass es viele Gegner von Sexualaufklärung in Kitas und Schulen gibt, aber meiner Meinung nach kann man damit gar nicht früh genug anfangen.«

»Herr Knabe!«, wirft Thomas ein, doch Herr Knabe ist kaum noch zu bremsen. »Man sollte diesen Gegnern mal die jungen Mütter vorführen, die einsam und allein eine Schwangerschaft durchstehen müssen, weil sie eben nicht genügend aufgeklärt waren und die werdenden Väter keinen Bock auf die Schwangerschaft haben. Erst gestern kam der Bus ›*Demo für jedermann*‹ in Berlin an. Ich habe mir das wirklich angehört, was die Leute dort zu sagen hatten, aber glaubt mir, ich bin absolut nicht damit einverstanden.«

»Was ist das für eine Demo?«, will Thomas wissen.

»Das ist eine Gruppe, die sich unter anderem gegen die Sexualerziehung in Kindergärten und Schulen richtet. Sie wollen nicht, dass man Kinder ›*sexualisiert*‹. Sie sind dagegen, dass Aufklärung bereits im Kindergarten beginnt. Wenn ich mir vorstelle, wir Lehrer würden euch in der Schule nichts über euren Körper und die Fortpflanzung beibringen, hätte ich vermutlich eine ganze Schulklasse voll mit schwangeren Mädchen«, schimpft Herr Knabe. »Dabei sollte es viel mehr von den engagierten Studieren-

den geben, die das Projekt ›*Mit Sicherheit Verliebt*‹ durchführen und in den Schulen altersgerecht aufklären.«
Bella ist so erschrocken über Herrn Knabes Ausbruch, dass sie glatt aufgehört hat zu weinen. Sie fischt sich ein Taschentuch aus ihrer Tasche und putzt sich die Nase.
»Bella, egal, ob du das Baby behalten oder zur Adoption freigeben möchtest, du musst da jetzt durch«, sagt Herr Knabe bestimmt. »Das ist bedauerlich, aber du bist jetzt schwanger und das können wir in dem Stadium nicht mehr ändern.«
»Ich weiß, Herr Knabe. Die letzten zwei Wochen in den Ferien ging es mir auch einigermaßen gut. Mia hat mich öfters besucht.« Bella lächelt Mia an.
Mia lächelt zurück.
»Aber immer, wenn ich Boris im Klassenzimmer sehe, bekomme ich einen Kloß im Hals. Dann merke ich, wie traurig ich bin«, sagt Bella leise.
Herr Knabe fährt sich übers Gesicht. »Das ist in der Tat ein Problem. Bella, wir müssen eine Lösung finden! Ich kann mir vorstellen, dass das für dich sehr belastend ist. Boris ist ja auch wirklich sehr abweisend zu dir.«
»Du könntest doch in die Parallelklasse gehen«, schlägt Mia vor.
Herr Knabe denkt kurz nach. »Dann sieht sie Boris auf dem Schulhof. Wie wäre es denn, wenn du dich krankschreiben lässt von deiner Ärztin, Bella? Du hast ohnehin nur noch sechs Wochen, dann beginnt dein Mutterschutz.«
»Und was soll ich den ganzen Tag im Heim machen?«, fragt Bella fast schon verzweifelt.
»Ich könnte dir einen Sack voller Hausaufgaben geben, wenn du das möchtest«, schlägt Herr Knabe vor.

Bella denkt kurz nach, dann nickt sie. »Ja. So machen wir das. Ich glaube, es ist besser, wenn ich Boris nicht jeden Tag sehe.« Sie verzieht schmerzhaft das Gesicht. »Aua!«
Vor Schreck geht ein Ruck durch Herrn Knabes Körper. »Oh Gott, ist alles okay? Willst du dich setzen?« Herr Knabe führt Bella zu einer Bank. »Herr im Himmel, ich kenne mich leider überhaupt nicht aus mit Schwangerschaften. Ich bin da ein bisschen hilflos als Mann, der selbst noch nicht einmal Familie hat.«
Bella lächelt gequält. »Ist schon gut, Herr Knabe. Das tut manchmal weh. Wenn ich mich aufrege, zu lange stehe oder mich anderweitig überanstrenge. Ich glaube, ich gehe besser nach Hause und lege mich etwas hin. Und morgen hole ich mir die Aufgaben ab.«
»Ich bringe dir die Aufgaben heute Nachmittag, okay?«, schlägt Mia vor.
Bella nickt erfreut. »Sehr gerne.«
»Bist du sicher, dass du alleine nach Hause gehen kannst?«, fragt Herr Knabe besorgt.
Bella nickt.
»Soll ich sie begleiten?«, fragt Mia.
»Ich komme mit. Zwei Damen lässt man nicht alleine gehen«, mischt sich Thomas ein.
Herr Knabe zieht überrascht die Augenbrauen hoch. »Ihr seid wohl noch im Ferienmodus, was?« Er mustert die Drei. »In Ordnung. Bringt Bella nach Hause und kommt dann auf direktem Wege wieder zur Schule!«
»Ey, Ey, Sir!«, sagt Thomas und hilft Bella beim Aufstehen.
»Wir sind gleich wieder da«, verspricht auch Mia.

***

»Hallo Bella!« Mia und Emma betreten das blaue Zimmer in der Arche.
»Hallo, ihr zwei! Was habt ihr mir mitgebracht?«, fragt Bella neugierig.
Mia reicht ihr einen ganzen Ordner mit Zetteln. »Hausaufgaben und einen schönen Gruß von Herrn Knabe.«
Bella fallen fast die Augen aus dem Kopf. »Wahnsinn! Was hat Herr Knabe mit mir vor? Soll ich gleich mein Abitur machen?«
Die Mädchen kichern.
»Schön, dich mal wieder so unbeschwert zu sehen«, sagt Emma zu Bella.
Bella lächelt. »Heute geht es mir besser. Die letzten Tage ging es mir nicht so gut. Es ist ganz schön anstrengend, wenn man ein Baby bekommt. Ständig tut einem irgendetwas weh. Die Beine werden schwer und dick, der Bauch spannt, in den Brüsten zieht es unangenehm, als wenn Kälte und Hitze gleichzeitig hindurchströmen und ich habe das Gefühl, als hätte ich einen Ball verschluckt.«
»Klingt wirklich verlockend«, grunzt Emma und verdreht die Augen.
Bella winkt ab. »Ihr könnt euch ja auch noch Zeit lassen. War wohl keine so gute Idee von mir, ein Baby zu kriegen. Das ist echt anstrengend!«
»Bereust du es etwa jetzt schon?«, will Mia wissen.
Bella zuckt mit den Schultern. »Es gibt Tage, da freue ich mich sehr auf das Baby. Da kommt ein kleines Wesen, dass mich liebt und dass ich lieben kann. Dann habe ich wieder Tage, an denen ich am liebsten alles rückgängig machen will. An diesen Tagen habe ich das Gefühl, ich kann gar nichts schaffen.«
»Meine Oma sagt, solche Zweifel sind normal. Das haben auch die älteren Mütter«, sagt Emma. Sie knabbert an ei-

nem Fingernagel, der sich abgespalten hat. »Aber ich hätte auch Angst vor der Verantwortung. Ich meine, wir sind Teenager, fast noch Kinder. Wir brauchen selbst noch eine stärkende Hand. Ich wüsste nicht, wie ich auf ein Baby aufpassen sollte, wenn ich selbst gerade erst aus dem Windelalter raus bin.«

Mia kichert. »Emma! Du hast gestern erst die Windeln abgelegt?«

»Sozusagen«, feixt Emma. »Nee, Leute, im Ernst, es ist viel zu früh, in unserem Alter Kinder zu kriegen. Willst du das Baby nicht zur Adoption freigeben?«

Bella verschluckt sich an ihrem Apfelsaft und hustet. Als sie sich wieder beruhigt hat, schüttelt sie den Kopf und keucht: »Niemals. Das Baby ist doch ein Teil von mir. Und wenn ich mit der Kindererziehung fertig bin, fangt ihr gerade erst an.« Sie lächelt.

Emma stöhnt. »Das ist durchaus möglich, schließlich will ich nach dem Abitur studieren. Und dann erst einmal arbeiten. Wenn ich also vorher schon Kinder kriege, wird das alles etwas problematischer.«

Mia zuckt mit den Schultern. »Ich glaube, mit dem richtigen Mann kann man alles schaffen. Mit Thomas wäre es vermutlich ein Kinderspiel.«

»Aber niemand kann dir sagen, ob du in ein paar Jahren noch mit Thomas zusammen bist«, wirft Emma ein.

Mia verdreht die Augen. »Darüber denke ich doch jetzt noch nicht nach. Ich genieße die Zeit!«

»Das solltest du auch«, sagt Bella traurig. »Ich würde es auch tun, wenn Boris nicht so verbohrt wäre.«

»Der Kerl hat die Hosen voll«, kichert Emma.

Bella grinst. »Damit hast du sicherlich Recht. Boris ist ein extremer Feigling.«

»Wissen eigentlich seine Eltern mittlerweile mal Bescheid? Ich meine, das Baby wird bald geboren«, platzt Mia heraus.
Bella schüttelt den Kopf. »Soweit ich weiß, wissen sie es nicht. Und Boris hat auch nicht vor, sie einzuweihen.«
»Aber der Vater deines Kindes ist unterhaltspflichtig«, wirft Emma ein. »Und da Boris noch kein eigenes Einkommen hat, würde ich vermuten, dass seine Eltern einspringen müssen.«
»Aber wenn sie von nichts wissen, können sie doch auch nicht bezahlen, oder?«, wirft Mia ein.
»Vielleicht wird das Jugendamt sie nach der Geburt automatisch informieren«, überlegt Emma.
Bella macht ein erschrockenes Gesicht. »Bloß nicht! Die sollen nichts unternehmen. Ich würde mich in Grund und Boden schämen. Ich bin doch kein Bettler.«
»Das hat doch nichts mit betteln zu tun«, sagt Mia einfühlsam. »Dein Baby braucht Essen, Kleidung und ein Dach über dem Kopf. Dafür ist Unterhalt schließlich da.«
»Genau. Du solltest dir überlegen, ob du nicht mit seinen Eltern sprichst«, bestärkt Emma ihre Freundin.
Bella seufzt. »Vielleicht. Ich überlege es mir, in Ordnung?«
»Natürlich. Wir mischen uns da nicht ein«, sagt Mia, auch wenn sie sich nicht sonderlich wohl dabei fühlt. Sie würde es besser finden, wenn auch Boris Eltern eingeweiht wären. Vielleicht sind die etwas liebevoller eingestellt, als Bellas Eltern und möchten helfen. Aber beim Anblick von Bellas entschlossenem Blick schweigt sie.

Das Baby ist da

»Schade, dass die Osterferien schon vorüber sind«, stöhnt Mia. Gemeinsam mit Thomas sitzt sie an einer Übung für die nächste Mathematikarbeit.
»Hast du auch keine Lust mehr zum Lernen?«, seufzt Thomas. Er klappt sein Buch zu. »Ich kann mich heute nicht mehr konzentrieren. Können wir nicht das Wochenende einläuten?«
Mia blickt auf die Uhr. »Keine Chance. Wir müssen uns auf unser späteres Leben vorbereiten. Stell dir vor, du willst Kondome kaufen und kannst keine binomischen Formeln ausrechen.«
Thomas lacht lauthals auf. Dann stürmt er auf Mia zu und reißt sie zu Boden. »Ich weiß sehr wohl, dass die Punkt- vor Strichrechnung kommt. Ich könnte mindestens ein Dutzend von den ollen Gummis kaufen.«
Bevor Mia Thomas küssen kann, springt der Uhu Fritz dazwischen und fängt an, Thomas mit dem Schnabel zu zwacken.
Quiekend nimmt Thomas Reißaus. »Mia, pfeif deinen Uhu zurück!«
»Er will mich retten!« Lachend scheucht Mia Fritz nach draußen. »Los, raus mit dir, du Retter in der Not!«, sagt sie. Kaum ist Fritz im Garten, schaut sie aufs Handy. Sie hat eine Nachricht von Emma bekommen.

›*Sterben vor Langeweile* 😜. *Kommt ihr vorbei? LG, Emma*‹

»Wollen wir Emma und Matthew besuchen? Sie sind in der Baumschule und langweilen sich.«

Thomas grinst und wackelt mit den Augenbrauen. »Langeweile mit dir kenne ich gar nicht. Irgendetwas müssen die zwei falsch machen.« Er reicht Mia die Hand und hilft ihr beim Aufstehen. »Komm, holde Maid, gehen wir zu Emma und Matthew!«

Eilig tippt Mia eine Antwort und wirft sich eine Jacke über.

Nach zehn Minuten erreichen sie die Baumschule.

Es ist kalt und windig.

Fröstelnd zieht sich Mia ihren Schal enger um den Hals.

»Hallo Oma Kassy! Weißt du, wo wir Emma finden?«, begrüßt sie Emmas Großmutter.

Oma Kassy deutet aufs Wohnhaus. »Es war den beiden Turteltauben zu kalt im Gewächshaus. Sie sind in Emmas Zimmer.«

Mia winkt Oma Kassy zu und zieht Thomas zum Wohnhaus. Drinnen ziehen sie sich die Schuhe und Jacken aus und schleichen nach oben. »Ob wir die zwei nackt erwischen?«, kichert Mia.

»Du meinst, sie haben ihre Langeweile vertrieben?« Grinsend nimmt Thomas zwei Stufen auf einmal und klopft richtig laut an Emmas Zimmertür.

Bumm. Bumm. Bumm.

»Herr im Himmel, der Weihnachtsmann war doch schon da? Wer erschreckt uns dermaßen?«, hören sie Emma schimpfen. Es raschelt, dann geht ein Schlüssel in der Tür.

»Stören wir?«, fragt Mia grinsend.

Emma winkt ab. »Nein, nein. Wir haben nur ein Nickerchen gemacht.«

»Super Ausrede«, lacht Thomas. Er begrüßt Matthew und pflanzt sich zu ihm aufs Sofa. »Was macht ihr denn so? ›*Nickert*‹ ihr etwas.«

»Sehr witzig«, sagt Emma, aber sie muss trotzdem lachen. Gemeinsam mit Mia holt sie derweil Tee und Kuchen aus der Küche. Sie haben kaum den Tee auf dem Tablett stehen, als Mias Handy piepst.

Neugierig linst Mia aufs Display. »Es ist eine Nachricht von Bella.«

»Bella tut mir echt leid! Sie ist schwanger und von aller Welt verlassen«, sagt Emma voller Mitgefühl.

»Stimmt. Boris will nichts von ihr wissen und ihre Eltern auch nicht«, pflichtet Mia ihr bei.

»Unglaublich, oder?« Wütend stemmt sich Emma die Hände die Hüften. »Kannst du dir vorstellen, deine Eltern würden dich in so einer schwierigen Situation im Stich lassen? Ich würde das meinem Vater nie verzeihen. Der wäre für mich gestorben.«

»Früher hätte ich deine Frage verneint, aber mein Vater hat sich in den letzten Wochen echt schäbig verhalten. Ich weiß nicht, wie ich reagieren würde«, gesteht Mia.

Emma nickt. »Ja. Dein Papa war eifersüchtig. Und hatte ganz offensichtlich eine Schraube locker. Aber es tut ihm mittlerweile leid. Er hat sich entschuldigt und du wohnst wieder bei ihm.« Emma stellt die Muffins aufs Tablett. »Bellas Eltern jedoch zucken sich überhaupt nicht. Aus den Augen, aus dem Sinn. Das ist so übel. Ich an Bellas Stelle würde sie hassen.«

»Wen würdest du hassen, mein Kind?«, fragt Emmas Papa, der soeben die Küche betreten hat.

»Ich würde dich hassen, wenn du mich rauswerfen würdest, weil ich als Teenager schwanger wäre«, antwortet Emma.

Perplex bleibt Emil Rosenstein stehen und mustert seine Tochter. »Bist du denn schwanger?«
Emma verdreht die Augen. »Nein. Bin ich nicht. Ich sagte ja ›wäre‹?«
Emmas Papa lächelt. »Ich würde dich in keinem Fall hinauswerfen. Du bist doch meine Tochter. In guten wie in schlechten Zeiten.«
»Willst du jemanden heiraten, Emil?«, platzt Finnja dazwischen.
Emil Rosenstein grunzt, während Emma und Mia kichern. »Nein, mein Schatz. Du wärest die einzige, die ich fragen würde, aber du warst ja bis eben gar nicht in der Küche.«
»Und wem willst du in guten wie in schlechten Zeiten beistehen?«, fragt Finnja neugierig und klaut sich einen Muffin vom Tablett.
»Meiner Tochter.«
Finnja mustert Emma mit hochgezogenen Augenbrauen. »Sag bloß, du bist schwanger!«
Emma grunzt genervt und winkt ab. »Boah, sind denn hier alle verrückt geworden?«
»Sie ist nicht schwanger. Sie hat sich lediglich darüber aufgeregt, dass es Eltern gibt, die ihre minderjährigen Töchter vor die Tür setzen, weil sie schwanger sind«, erklärt Emil Rosenstein seiner Freundin und Mitarbeiterin.
Finnja nickt seufzend. »Das ist auch wirklich ein hässlicher Zug. Ich meine, ich habe nie das Glück gehabt, Kinder zu kriegen, aber wenn ich welche hätte, würde ich sie doch unterstützen.«
»Bellas Eltern nicht«, sagt Mia bedauernd. »Sie haben Bella schon vor Monaten vor die Tür gesetzt, weil sie schwanger war und nicht abtreiben wollte.«
»Das Mädchen aus eurer Klasse?«, hakt Finnja nach. »Sie ist bereits Dorfgespräch.«

»Ja, leider. Aber das hilft ihr auch nicht weiter.« Emma verdreht die Augen.
»Was sagen denn eigentlich die Eltern von dem werdenden Vater?«, fragt Finnja neugierig.
»Die wissen nichts von ihrem Glück.«
»Sie wohnen auch nicht in Bärenklau, sondern fünf Orte weiter«, fügt Emma hinzu.
»Vielleicht würden sie sich darüber freuen«, überlegt Mia.
»Vielleicht könnt ihr mit eurer Freundin mal reden, ob sie nicht mit den anderen Großeltern des Kindes in Kontakt treten will. Vielleicht möchten die wirklich helfen«, sagt Finnja nachdenklich. »Ich würde es wissen wollen.«
»Wir haben es ihr bereits vorschlagen. Aber bisher hat sie sich geweigert«, erzählt Mia. »Sie meinte, es sei ihr peinlich, dass Boris von ihr nichts wissen will.«

»Verständlich. Wäre mir auch unangenehm.« Finnja mopst sich noch einen Muffin. »Aber trotzdem haben die Großeltern eine Chance verdient.«

Emma nimmt das Tablett an sich. »Wir gehen dann besser wieder hoch, bevor ihr uns noch alle Muffins wegesst.«

»Bis später, Liebes«, ruft Emmas Papa grinsend.

Auf dem Weg nach oben öffnet Mia *WhatsApp* und liest die Nachricht von Bella. Dann blickt sie auf.

»Das Baby ist da!«

»Echt?« Emma reißt überrascht die Augen auf und verliert fast das Tablett. »Was wohl Boris dazu sagen wird?«

Mia verdreht die Augen. »Der wird Reißaus nehmen. Schließlich hat er Bella ja die letzten Monate erfolgreich ignoriert.«

Sie betreten das Zimmer, in dem sich Matthew und Thomas angeregt unterhalten.

»Wir wollten schon eine Vermisstenanzeige aufgeben«, ruft Matthew, »wo wart ihr nur so lange?«

»Das Baby ist da«, ruft Mia.

Überrascht blicken die Jungs auf. »Echt? Wart ihr deshalb so lange weg?« Thomas blickt auf seine Uhr.

»Waren wir lange weg?«, wendet sich Emma mit Unschuldsmiene an Mia.

Mia zuckt mit den Schultern. Sie hockt sich vor Thomas auf den Boden und lehnt sich gegen seine Beine. Thomas streichelt ihr über das Haar.

»Sollten wir vielleicht Boris' Eltern Bescheid sagen? Oder hat Boris schon gestanden?« Mia blickt zu Thomas hoch.

Thomas macht ein ratloses Gesicht. »Keine Ahnung.«

»Ich glaube kaum, dass er seine Eltern eingeweiht hat«, bemerkt Matthew. »Boris macht auf mich nicht den Eindruck, als hätte er Eier in der Hose.«

»Matt!« Empört reicht Emma ihrem Freund einen Muffin.

»Eier hat er schon, sonst hätte er kein Kind gezeugt«, witzelt Thomas.

»Stimmt«, prustet Matthew los, »aber groß können die nicht sein bei dem feigen Hund.«

»Wollen wir Bella morgen besuchen gehen?«, fragt Emma.

Mia nickt. »Klar. Ich komme mit.« Sie nimmt einen Muffin entgegen. »Was haltet ihr davon, wenn wir in der Klasse sammeln und ein Geschenk kaufen?«
»Gute Idee. Ich habe im Secondhand-Laden einen Kinderwagen gesehen. Den könnten wir Bella doch schenken. Er kostet nur fünfzig Euro«, schlägt Emma vor.
»Prima. Wenn jeder zwei Euro gibt, könnt ihr das Ding morgen kaufen«, sagt Matthew.

***

»Du gibst jetzt zwei Euro für das Geschenk dazu, du Penner!«, schreit Thomas.
Mit verschränkten Armen steht Boris im Klassenzimmer und funkelt Thomas wütend an. »Einen Scheißdreck mache ich. Lass mich bloß mit der Babykacke in Ruhe! Ich will damit nichts zu tun haben.«
»Du bist so ein Mistkerl!«, schreit Thomas. »Herumpimpern kannst du. Jedes Mädel, das nicht bei drei auf dem Baum sitzt, legst du flach. Aber Verantwortung willst du nicht übernehmen. So was Feiges wie dich habe ich noch nie gesehen.«
Emma und Mia stoßen dazu.
»Boris, gib jetzt zwei Euro für den Kinderwagen deines Babys dazu! Wir haben alle unser Taschengeld geopfert«, sagt Mia.
»Ihr könnt mich alle mal!«, ruft Boris wütend.
Emma stemmt die Hände in die Hüften. »Ach, Boris, behalte mal dein Geld! Du wirst es noch brauchen. Du bist ja seit gestern Vater und wirst die nächsten fünfundzwanzig Jahre Unterhalt bezahlen müssen. Kannst jetzt schon mal dein Taschengeld sparen. So ein Kind kostet eine Menge Geld.«
Wie vom Donner gerührt bleibt Boris vor Emma stehen.

»Offenbar hat unser Superheld noch nicht daran gedacht, dass er unterhaltspflichtig ist«, sagt Thomas knurrend. »Mein Onkel zahlt jeden Monat achthundert Euro für seine beiden Kinder.«
Boris' Augen fangen an zu zucken. Fahrig wischt er sich über sein Gesicht. »Gott, das habe ich nicht bedacht.«
»Und wenn du nicht bezahlst, kommst du in den Knast«, sagt Emma höhnisch lächelnd.
»Was? Bist du bescheuert? Was ist das denn für ein Blödsinn«, mischt sich Lennard ein. »Seid wann kommt man in den Knast, wenn man keinen Unterhalt bezahlt?«
Emma holt ihr Handy heraus. »Steht im Strafgesetzbuch. Paragraph einhundertsiebzig. Verletzung der Unterhaltspflicht. Solltest du dir ganz dringend durchlesen, Boris! Oder vielleicht weihst du endlich mal deine Eltern ein? Ich gehe doch davon aus, dass du es bisher erfolgreich geheimgehalten hast.«
»Halt bloß meine Eltern da raus!«, ruft Boris erschrocken. »Wehe, du erzählst denen etwas!«
»Was dann?«, provoziert Emma ihren Klassenkameraden.
»Kinder, was ist hier los?«, ruft Herr Knabe erschrocken. Er wirft seine Tasche auf das Pult und schaut sich fragend um.
»Wir reden mal ein ernstes Wörtchen mit Bella. Wir finden nämlich, dass sie deine Eltern ganz dringend mal aufsuchen sollte«, sagt Mia.
»Das wird sie nicht wagen! Sonst ist sie für mich gestorben!«, ruft Boris erzürnt.
»Spätestens, wenn Bella ihr Kind beim Standesamt anmelden musst, bekommst du einen Brief, dass du die Vaterschaft anerkennen musst«, sagt Emma fast ein wenig gehässig. »Und das werden deine Eltern hundertpro zu

lesen bekommen. Schließlich bist du minderjährig. Und das Jugendamt wird dann auch bei dir auftauchen.«
»Du kennst dich aber gut aus«, sagt Amelie beeindruckt.
»Ich habe mich etwas belesen, nachdem mich Bella um Hilfe gebeten hat«, gesteht Emma.
»Dann ist das Baby da?«, fragt Herr Knabe, den niemand beachtet.
Mia nickt. »Lina ist am Sonntag geboren worden.«
»Ein Mädchen! Wie süß!«, ruft Herr Knabe aus. Er kramt in seiner Tasche herum und holt sein Portemonnaie heraus. »Ich möchte mich auch am Geschenk beteiligen. Oder was ist das für eine Kasse, die Thomas in der Hand hält?«
»Wir wollen Bella einen gebrauchten Kinderwagen kaufen, damit sie mit ihrem Baby auch mal spazierengehen kann«, erklärt Mia.
»Das ist eine tolle Idee. Ich lege noch einen Strampler oben drauf.« Herr Knabe wirft einen großen Geldschein in die Kasse.
»Herr Knabe! Haben Sie im Lotto gewonnen? So viel kostet der ganze Kinderwagen«, ruft Mia lachend.
Herr Knabe zuckt mit den Schultern. »Nein, ich habe Spendierhosen an. Die arme Bella hat doch niemanden, der ihr hilft. Keine Eltern, keine Schwiegereltern…« Mit einer Blitzidee wendet sich Herr Knabe an Boris. »Apropos, Boris, wissen deine Eltern jetzt endlich mal Bescheid?«
»Nein«, schreit Boris außer sich, »und das wird auch so bleiben.«
Mit hochgezogenen Augenbrauen schaut Herr Knabe seinen Schüler an. »Hast du wirklich geglaubt, du kannst das geheimhalten?«

»Wehe, Sie sagen meinen Eltern etwas, dann…« Drohend hebt Boris eine Faust.

Herr Knabe wendet sich kopfschüttelnd ab. »Du brauchst mir nicht zu drohen, Boris. Das Jugendamt wird sich schon bei euch melden. Das ist quasi ein Selbstläufer.«

***

»Ich habe Angst.« Mit großen Augen blickt Bella Mia an. Seit einer Woche ist sie nun schon mit ihrem Baby in der Klinik und soll heute entlassen werden.

Mia klopft das Herz auch bis zum Hals. »Das verstehe ich, Bella. Aber im Heim wird man dir bestimmt helfen.«

Bella zuckt mit den Schultern und wischt sich eine lästige Träne ab. »Ich weiß nicht, ob ich das schaffe. Ich fühle mich so allein.«

Mia umarmt Bella, die hemmungslos anfängt zu weinen. »Nun beruhige dich doch! Du hast es noch nicht einmal versucht. In der ›Arche‹ sind doch auch andere Teeniemütter mit ihren Kindern. Die schaffen es ebenso«, sagt Mia leise.

»Und sie haben eine Kinderbetreuung. Du darfst sogar weiter zur Schule gehen«, wirft Emma ein.

Bella löst sich aus der Umarmung. »Ich weiß. Annegret hat ihr Zimmer gleich neben mir. Ihr Sohn Benno ist erst sechs Wochen alt.«

»Und? Kommt sie klar?«, hakt Emma nach.

Bella nickt. »Ja. In der ›Arche‹ werden wir ja rund um die Uhr betreut. Martina Emmert, unsere Heimleiterin, sorgt schon dafür, dass es uns gut geht. Wir sollen ja sogar zur Schule gehen, während sie und die anderen Erzieher sich in der Tagesbetreuung um die Babys kümmern.«

»Siehst du! Das ist wirklich toll organisiert«, lobt Amelie.

Bella nickt. »Ja. Wir können die Babys auch tagsüber abgeben, wenn wir nicht mehr weiter wissen.«

»Wie eine Art Krisenbetreuung?«, hakt Mia nach.

Bella nickt erneut. »Genau. Die ersten Monate helfen uns die Erzieher bei der Betreuung unserer Kinder. Und danach dürfen wir in einen eigenen Wohnraum ziehen, der an das Haus angegliedert ist.«

»Wie eine Art Nachbetreuung?«, fragt Amelie.

»Ja«, sagt Bella.

Emma klopft Bella auf die Schultern. »Aber dann ist doch alles in Butter. Du brauchst doch keine Angst zu haben, wenn du in so guten Händen bist.«

»Ich weiß. Es ist trotzdem merkwürdig«, sagt Bella leise.

»Nun komm! Wir begleiten dich zur ›Arche‹«, sagt Mia und zeigt auf den Kinderwagen. »Und du kannst Lina sogar im Kinderwagen schieben. Das wird ihr bestimmt gefallen.«

»Und ihr habt alle zusammengelegt in der Klasse?«, fragt Bella noch einmal nach. Sie kann es gar nicht glauben, dass ihre Klassenkameraden so spendabel sind. Ächzend erhebt sie sich vom Bett.

»Hast du immer noch Schmerzen?«, fragt Amelie verwundert.

Bella nickt. »Und wie! Hast du eine Ahnung, wie dick alles angeschwollen ist? Ich sehe aus wie ein Pavian. Ich kann kaum sitzen, und laufen geht auch nur, wenn ich ein paar Schritte gegangen bin.«

»Aber du hattest doch gar keinen Kaiserschnitt«, sagt Mia perplex.

Bella geht ein paar Schritte wie eine lahme Ente, dann wird es besser und sie bewegt sich etwas zügiger. »Nein. Aber Linas Kopfumfang misst achtunddreißig Zentimeter. Sie wog bei der Geburt drei Kilo. Die Hebamme sagt, es ist normal, dass Erstgebärende manchmal reißen und die Scheide nach der Geburt anschwillt.«

»Reißen?«, quiekt Amelie entsetzt. »Was heißt das?«

Bella lächelt gequält. »Das heißt, dass die Haut zwischen Po und Scheide einreißt, wenn das Baby geboren wird. Das muss dann mit mehreren Stichen genäht werden.«

Amelie öffnet den Mund, aber es kommt kein Ton heraus. »Ich glaube, ich überlege mir das nochmal mit dem Kinderkriegen«, sagt sie schließlich.

Eine Hebamme kommt herein und lacht. »Kinder! Ihr seid ja auch noch viel zu jung. Lasst euch bloß Zeit! Aber selbst wenn ihr älter seid, ist das Kinderkriegen kein Zuckerschlecken.«

»Nun mach den Mädels doch keine Angst«, mahnt eine weitere Hebamme. Sie überreicht Bella einen Brief. »Jede Frau, die bei uns entbindet, vergisst die Schmerzen und ein paar Jahre später ist sie wieder hier und bekommt ihr zweites Kind.« Sie streichelt Lina und wendet sich an Bella. »Der Brief ist für den Kinderarzt. Den gibst du dort ab! Und wenn du Probleme hast oder Hilfe brauchst, dann melde dich bei uns! Wir sind hier. Jederzeit.« Sie zwinkert Bella zu und verabschiedet sich.

Emma überreicht der Hebamme eine Packung Pralinen. »Vielen Dank, dass Sie sich so gut um Bella gekümmert haben. Die Pralinen hat mein Vater spendiert.«

»Dankeschön!«, antwortet die Hebamme und nimmt die Schokolade lächelnd entgegen. »Das ist sehr aufmerksam von deinem Vater.«

Vorsichtig legt Bella ihre Tochter in den Kinderwagen. Emma nimmt Bellas Tasche.

Gemeinsam verlassen sie die Klinik und gehen zur ›Arche‹.

»Hallo Bella! Schön, dass es dir gut geht«, werden sie von Martina Emmert, der Leiterin des Mutter-Kind-Heimes begrüßt. »Lieb, dass ihr Bella aus der Klinik abgeholt habt. Kommt doch herein!«
Bella schiebt den Kinderwagen in die Eingangshalle und holt ihre sieben Tage alte Tochter heraus. Vorsichtig nimmt sie sie auf den Arm und folgt Frau Emmert in Wohnbereich.
Da Bella mit ihrer Tochter ihr eigenes Zimmer hat, begleiten Mia, Emma und Amelie sie dorthin.

»Mein Zimmer ist leider nicht so groß für uns alle. Aber wir können in den Aufenthaltsraum gehen«, schlägt Bella vor.

Frau Emmert schiebt Bella ein mobiles Babybett vor die Nase. »Hier kannst du Lina hineinlegen, Bella. Damit kannst du im ganzen Wohnbereich herumfahren, wenn du sie nicht tragen willst.«

»Danke!« Bella legt ihre Tochter ab, die seelenruhig weiterschläft.

»Sie schläft aber viel«, sagt Emma erstaunt.

»Wie meine kleine Schwester«, erinnert sich Mia. »Die hat die ersten Wochen auch fast nur geschlafen, gegessen, und in die Windel gemacht.«

»Na, dann kann ja nicht viel schiefgehen«, sagt Bella lächelnd.

»Wir haben Kuchen mitgebracht«, sagt Amelie und holt eine Schachtel aus ihrer Tasche. »Zur Feier des Tages.«

Die vier Mädchen stürzen sich auf den Kuchen und machen sich noch ein paar schöne Stunden im Gemeinschaftsraum der ›Arche‹. Zwischendurch stillt Bella ihre Tochter und muss sie auch einmal wickeln gehen.

***

»Wir warten lieber draußen«, versucht sich Thomas herauszuwinden.

Mia lächelt. »Hast du Angst vor einem kleinen Baby?« Sie wackelt mit den Augenbrauen.

Thomas zieht sie in seine Arme und gibt ihr einen Kuss. »Nein, habe ich nicht. Aber vielleicht ist es Bella unangenehm, wenn Jungs zu Besuch kommen.«

»Papperlapapp«, sagt Emma entschieden. Sie schiebt Mia und Thomas zur Eingangstür. »Der Aufenthaltsraum ist doch groß genug. Und Lina ist jetzt schon vier Wochen alt. Sie beißt nicht, sie hat nämlich noch nicht einmal Zähne.«

»Dann auf in den Kampf!«, sagt Matthew und wirft Thomas vielsagende Blicke zu. »Aber wenn es brenzlig wird, sind wir weg!«

»In Ordnung«, sagt Mia seufzend.

Sie betreten die ›Arche‹ und werden von Frau Emmert begrüßt. »Hallo! Wollt ihr Bella besuchen?« Sie seufzt leise. »Das ist gut. Sie kann dringend etwas Abwechslung gebrauchen.«

Emma wird hellhörig. »Was soll das bedeuten?«

Frau Emmert stöhnt. »Ich befürchte, Bella fühlt sich sehr einsam und darum auch überfordert. Lina hat Dreimonatskoliken und ist daher nur am Schreien.«

»Ist sie krank?«, hakt Emma erschrocken nach.

Sie kennt sich mit Babys überhaupt nicht aus.

Mia schüttelt den Kopf. »Das hatte meine Schwester auch. Aber nicht so doll. Die Babys haben manchmal in den ersten drei Monaten ihres Lebens starke Blähungen. Das tut ihnen weh und sie schreien ununterbrochen.«

Thomas verdreht die Augen. »Oh Gott, wie furchtbar. Wann schläft Bella denn dann?«

»Tagsüber nehmen wir ihr mittlerweile die Kleine ab, damit sie in der Situation nicht ganz so alleine ist«, mischt sich Frau Emmert ein.

»Dann ist Bella jetzt ohne Lina auf ihrem Zimmer?«, will Mia wissen.

Frau Emmert nickt. »Sie brauchte eine Pause.«

»Sollen wir ein anderes Mal wiederkommen?«, fragt Mia rücksichtsvoll.

»Nein, nein. Geht ruhig zu ihr! Sie braucht dringend Gleichaltrige«, winkt Frau Emmert ab.

»Dann gehe ich mal nach ihr sehen. Wollt ihr kurz warten oder mitkommen?«, fragt Mia die Jungs.
»Ich komme mit«, sagt Emma entschieden.
Thomas und Matthew heben abwehrend die Hände. »Wir warten hier!«
Mia und Emma lassen die Jungs zurück und gehen zu Bella. Mia klopft an die Zimmertür und steckt ihren Kopf durch einen Spalt. »Hallo Bella! Dürfen wir hereinkommen?«
Bella liegt auf dem Sofa und starrt an die Decke. »Ja.«
Emma und Mia schleichen ins Zimmer, obwohl kein Baby darin schläft. Sie setzen sich auf den Sessel und blicken fragend zu Bella.
»Wie geht es dir?«, fragt Mia sanft.
Bellas Augen wandern zu ihr, dann blickt Bella wieder an die Zimmerdecke. »Scheiße!«
Erschrocken atmen die Mädchen ein.
Emma streckt eine Hand nach Bella aus und streichelt ihren Kopf. »Können wir dir irgendwie helfen?«
Bella laufen die Tränen übers Gesicht. »Es ist egal, was ich esse. Lina schreit und schreit und schreit. Sie schreit morgens, mittags, abends und nachts. Ich schlafe kaum noch. Ich bin so verzweifelt.«
Mia seufzt leise. »Stella hatte auch oft Blähungen. Und sie hatte das KiSS-Syndrom. Das erkennen aber nicht alle Ärzte.«
Bella blickt zu Mia. »Was ist das für ein Syndrom?«
»Meine Mom meint, es sei umstritten, ob es das wirklich gibt. Aber Stella war beim Schreien oftmals ganz lila im Gesicht und um ihren Mund hatte sie ein weißes Dreieck. Eine Kinderärztin hat uns mit Stella zum Orthopäden geschickt. Der hat Stella eingerenkt, weil sich ein Wirbel

verschoben hatte durch die Geburt und von dem Tag an war Ruhe«, erzählt Mia.

»Du meinst, ich soll mit Lina zum Arzt gehen?«, fragt Bella im Flüsterton.

»Du hast doch nichts zu verlieren, Bella. Hol dir Hilfe!«, erwidert Mia.

»Ich bekomme schon Hilfe. Aber es reicht nicht. Ich glaube, ich habe einen Riesenfehler gemacht. Ich dachte, es ist toll, ein Baby zu haben und die einzige in der Schule zu sein, die schon Mama ist. Aber wisst ihr was?« Bella richtet sich mühsam auf. Ihre Haare stehen ganz wild vom Kopf ab. »Es ist nicht toll, mit fünfzehn ein Baby zu haben und sich ganz alleine darum kümmern zu müssen. Es ist scheiße!«

Emma streichelt ihren Arm. »Bella, deine Tochter wird doch auch größer. Und dann ist sie auch nicht mehr so anstrengend. Und irgendwann findest du auch einen Freund, der euch beide liebt. Nicht so einen Blödmann wie Boris.«

Bella schneidet eine Grimasse. »Boris kann mir gestohlen bleiben. Er hat sich nicht einmal hier blicken lassen.«

»Er hat Angst«, sagt Mia naserümpfend.

»Genau, er ist ein feiger Hund«, bestätigt Emma.

»Ich habe meinen Eltern eine Karte geschickt. Mit einem Foto von Lina«, erzählt Bella schniefend.

»Und? Haben sie dich schon besucht?«, hakt Mia lächelnd nach.

Bella schüttelt den Kopf. »Sie wollen nichts von mir wissen. Es ist, als wenn ich nie existiert hätte. Frau Emmert hat mit meinen Eltern geredet, aber mein Vater meinte, ich sei für ihn gestorben. Ich hätte die Familienehre in den Dreck gezogen.«

Verständnislos blickt Mia zu Emma. »Das ist gemein.«

Bella nickt. »Boris' Eltern haben sich auch nicht bei mir gemeldet. Niemand will mich sehen. Niemand will Lina sehen. Ich bin total alleine auf dieser Welt. Niemand liebt mich. Niemand will mich.« Bella weint erneut los.

Mia rutscht zu ihr auf die Couch. Sie legt einen Arm um Bella und umarmt sie. »Komm her! Du bist nicht allein. So darfst du nicht reden, sonst wirst du noch verzweifelter!«

»Genau«, sagt Emma und umarmt Bella von der anderen Seite. »Du musst mal wieder raus. Unter Leute! Igel dich hier nicht so ein!«

»Lina schreit den ganzen Tag. Wo soll ich denn bitte mit ihr hingehen?« Bella schnäuzt sich die Nase.

»Weißt du was?«, ruft Emma und springt auf. »Wir veranstalten eine Party. Mein Papa hat bestimmt nichts dagegen, wenn wir sein Gewächshaus dafür nutzen. Nächste Woche Montag können wir doch am Nachmittag eine Babyparty organisieren.«

»Und wenn Lina wieder schreit?«, fragt Bella unsicher.

Emma winkt ab. »Dann ist meine Oma auch noch da. Die liebt Babys! Die schiebt Lina dann durch die Gegend. Lass uns das machen! Ich schreibe heute noch alle Leute an. Wir feiern eine Babyparty.«

Bella wischt sich die Tränen ab und lächelt zaghaft. »In Ordnung. Danke!«

»Gern geschehen«, erwidert Emma und drückt Bella einen Kuss auf die Wange. »Und jetzt kommst du mit raus! Wir gehen spazieren! Du brauchst dringend einen Ortswechsel.«

Gemeinsam verlassen sie den Wohnraum und sammeln die Jungs auf dem Weg nach draußen ein.

»Jungs, wir gehen eine Runde durchs Dorf«, ruft Emma ausgelassen. Sie ist voller Tatendrang.

Thomas folgt ihnen verwirrt. »Und was ist mit dem Baby?«
»Geht ruhig«, winkt Frau Emmert ab, »das wird Bella guttun, mal ohne Lina rauszugehen.«

***

»Sie ist so verzweifelt«, berichtet Emma ihrer Großmutter beim Abendessen.
Oma Kassy rümpft die Nase. »Ich sage es nur ungerne, aber ein fünfzehnjähriges Mädel lässt man nicht mit einem Baby allein.«
»Sie hat doch die Erzieher in der ›Arche‹«, wirft Mia ein. Aber Oma Kassy winkt ab. »Ach, Mia, das ist doch nicht dasselbe. Klar, es ist phantastisch, dass es das Mutter-Kind-Heim gibt und sie die Teeniemütter dort auffangen. Das ist sogar sehr wichtig. Denn leider gibt es ganz viele Teenager, die als junge Mütter nicht mit ihren Eltern klarkommen und keinen starken Partner an ihrer Seite haben. Sonst würde Bella vermutlich gar nicht mehr leben. Oder ihr Baby. Es muss solche Heime geben. Die leisten hervorragende Arbeit, die viel zu wenig gewürdigt wird.«
»Meinst du wirklich, Bella hätte sich oder das Baby umgebracht?«, hakt Emma entsetzt nach.
Oma Kassy seufzt. »Habt ihr eine Ahnung, wie viele verzweifelte Mütter es gibt? Nicht jede wagt es, um Hilfe zu bitten. Und die Männer heutzutage haben es ja auch verdammt einfach. Wenn sie keine Verantwortung übernehmen wollen, dann sind sie einfach weg.«
»Umso wichtiger, dass wir Boris' Eltern endlich ins Boot holen. Es ist schon schlimm, dass Bellas Eltern von ihrem Enkelkind nichts wissen wollen, aber vielleicht möchten Boris' Eltern ja Anteilnehmen am Leben ihres Enkels«, sagt Mia nachdenklich.

»Große, kluge Mia«, lobt Oma Kassy und tätschelt Mias Wange. »Da hast du Recht!« Sie schnappt sich ihre Handtasche und die Autoschlüssel. »Los, Mädels, kommt! Wir haben eine Mission zu erfüllen. Ich hoffe, ihr wisst, wo Boris wohnt.«
»Logo!«, sagt Emma und schiebt Mia nach draußen.

Reden ist Gold

»Guten Tag!« Staunend steht eine sympathische, brünette Frau in der Tür des großen Einfamilienhauses und sieht die Gäste fragend an. »Womit kann ich Ihnen helfen? Bist du nicht Mia aus Boris' Klasse?«

Mia nickt. »Ja. Hallo Frau Brotmayer! Können wir kurz hereinkommen?«

Sandra Brotmayer öffnet die Tür ganz. »Natürlich. Bitte kommt herein! Gibt es Probleme in der Schule? Hat Boris etwas angestellt?«

Mia und Emma wechseln vielsagende Blicke.

»Ist Boris denn zuhause?«

Boris' Mutter schüttelt den Kopf. Sie schaut auf ihre Armbanduhr. »Er müsste in einer halben Stunde kommen. Er hilft meinem Mann in der Firma.«

»Was haben Sie denn für eine Firma?«, fragt Oma Kassy.

»Eine Werbefirma«, antwortet Boris' Mutter.

Oma Kassy reicht Boris' Mutter die Hand. »Guten Tag! Ich bin Kassiopeia Mehrzahl, die Oma von Emma. Ihr Sohn geht mit Mia und meiner Enkelin Emma in eine Klasse.«

Sie gehen ins Wohnzimmer und setzen sich an den Tisch. Mia holt ihr Handy heraus und sucht das Foto, welches sie von Lina gemacht hat.

»Wie kann ich denn nun helfen?«, will Sandra Brotmayer wissen. Lächelnd schaut sie in die Runde.

Mia räuspert sich. »Wir glauben, dass Sie sich hierfür interessieren könnten…« Sie zeigt Boris' Mutter ein Foto von Lina.

»Ein Baby? Süß! Aber was habe ich damit zu tun?« Verwirrt blickt Sandra Brotmayer in die Runde.
»Herzlichen Glückwunsch!«, platzt Oma Kassy heraus. »Willkommen im Club! Sie sind Großmutter geworden.«
Perplex starrt Boris' Mutter auf das Handy, dann auf Oma Kassy. »Wie bitte?«
»Hat Boris Ihnen nicht erzählt, dass er vor vier Wochen Vater geworden ist?«, hakt Emma leise nach.
Sandra Brotmayer springt auf. Sie atmet schwer, fast so, als wenn sie gleich umkippen würde.
»Geht es Ihnen gut?«, fragt Mia ziemlich verunsichert.
Sandra Brotmayer winkt ab. Sie fächelt sich Luft zu. Doch dann bricht sie plötzlich in Tränen aus. »Er hat kein Wort gesagt!«
Boris' Mutter geht zur Terrassentür und öffnet sie.
Sie atmet mehrfach tief durch.
Dann wischt sie sich über ihr tränennasses Gesicht. »Er hat kein Wort gesagt!« Kopfschüttelnd dreht sie sich um.
»Wer hat kein Wort gesagt, Liebes?«, fragt ein Mann um die Vierzig. Er hat gerade das Wohnzimmer betreten und eilt zur Terrassentür.
Boris' Mutter wirft sich ihm an den Hals. »Toni, wir sind Großeltern geworden!«
Mia sieht Boris im Türrahmen stehen.
Er bemerkt den Besuch und macht auf dem Absatz kehrt.
»Du bleibst hier!«, brüllt Boris' Mutter. Sie weint ungehalten und reißt sich von ihrem Mann los. Sie rennt Boris hinterher und schleift ihn schließlich ins Wohnzimmer. Energisch pflanzt sie ihn auf einen Sessel. »Warum? Warum wirst du Vater und erzählst uns kein Sterbenswörtchen davon?«
»Ich schätze, er hatte Angst vor Prügel«, ertönt Lennards Stimme aus dem Flur.

»Lennard! Du bist auch hier? Und du wusstest das? Ihr wusstet, dass Boris ein Baby gemacht hat und habt uns nichts erzählt?« Voller Verzweiflung rauft sich Boris' Mutter die Haare.

»Liebes, nun beruhige dich doch!«, wirft Boris' Vater ein. Dann wendet er sich an seinen Sohn. »Boris! Was ist das für eine merkwürdige Geschichte? Kannst du bitte Licht ins Dunkel bringen?«

Boris sitzt, in sich zusammengesunken, auf dem Sessel und rührt sich nicht mehr. Er hat die Hände vors Gesicht geschlagen.

»Boris?«

Emma räuspert sich. »Boris war mit Bella zusammen. Wir gehen alle in eine Klasse…«

»Halt die Klappe, du Petze!«, schreit Boris plötzlich mit hochrotem Kopf. Er springt auf und geht auf Emma los. Emma jedoch reagiert blitzschnell. Bevor irgendjemand überhaupt blinzeln kann, liegt Boris auf dem Wohnzimmerteppich. »Wage es nicht, mich anzugreifen, du Waschlappen! Was bist du für ein feiger Hund, dass du erst ein Mädchen schwängerst, sie dann alleine lässt und nicht einmal deinen Eltern davon erzählst?«, ruft Emma erzürnt. »Und jetzt wagst du es auch noch, mich anzugreifen? Da musst du schon früher aufstehen. Wie du weißt, kann ich Karate!«

Boris' Eltern starren Emma sprachlos an.

Toni Brotmayer wendet sich an seine Frau. »Wir sind Großeltern geworden? Aber Boris ist doch erst vierzehn!«

»Meinen Sie, Sperma und Eizelle fragen vorher nach dem Alter der Spender, bevor sie sich vereinen?«, platzt Emma heraus. Ungläubig schüttelt sie den Kopf. »Ihr Sohn hat es faustdick hinter den Ohren! Er legt alles flach, was nicht bei drei auf dem Baum sitzt.«

»Emma!«, entrüstet sich Oma Kassy. »Nun rede nicht so respektlos!«

»Ist doch wahr, Oma! Du hättest Bella mal sehen sollen! Die ersten Tage nach der Geburt von Lina konnte sie weder sitzen noch laufen. Vorgestern war sie so verzweifelt, dass nicht viel gefehlt hätte, und sie hätte sich umgebracht. Bella ist fünfzehn und alleine mit einem Baby! Und Boris schert sich einen Dreck darum, wie es ihr oder seiner Tochter geht.« Emma löst den Griff und lässt Boris wieder aufstehen.

Wütend geht Boris auf Abstand. »Ihr habt kein Recht, euch da einzumischen! Es geht euch überhaupt nichts an, was ich mache.«

»Aber uns geht es etwas an, Boris!«, sagt Toni Brotmayer mit strenger Miene.

»Schlagen Sie Ihren Sohn jetzt wieder?«, hakt Emma erschrocken nach. »Das will ich nicht mit ansehen müssen.«

Boris' Vater sackt in sich zusammen. Er lässt sich auf einen Stuhl plumpsen und fährt sich durch die Haare. »Was tue ich? Meinen Sohn schlagen?« Er blickt zu Boris. Dieser wendet sich ab.
»Wir haben unseren Sohn noch nie geschlagen«, sagt Sandra Brotmayer. »Wie kommst du darauf, Emma?«
Emma deutet auf Lennard, der noch immer in der Tür steht.
»Aber…« Lennard bricht ab und blickt zu Boris. »Du hast doch immer gesagt, dass dich deine Eltern schlagen würden!«
Boris lässt den Kopf hängen.
»Ha!«, lacht Boris' Vater auf. Er lacht und lacht und lacht, bis er anfängt zu weinen. »Wir sind doch keine Monster! Wir sind streng, aber wir haben noch nie Gewalt in unserer Erziehung eingesetzt.«
»Dann schlagen Sie ihren Sohn nicht?«, hakt Mia noch einmal vorsichtshalber nach.
Sandra und Toni Brotmayer schütteln den Kopf.
»Boris?« Emma schaut ihren Klassenkameraden streng an. »Noch eine Kampferfahrung oder redest du gleich?«
Boris grunzt missgelaunt. »Ich habe gelogen, okay? Meine Eltern sind harmlos.«
Lennard haut gegen den Türrahmen. »Alter, du bist so ein Arsch!« Er macht auf dem Absatz kehrt und schmeißt die Haustür hinter sich zu.
»Tja, da hast du wohl mehr als eine Baustelle«, bemerkt Emma trocken. »Mia, zeig doch Boris' Vater mal das Bild von Lina!«
Mia steht auf und hält Boris' Vater das Babyfoto vor die Nase. »Das ist Lina. Sie ist vier Wochen alt.«

Toni Brotmayer wischt sich die Tränen ab und nimmt das Handy von Mia. »Sieh nur, Sandra! Die Kleine sieht fast aus wie Boris als Baby!«
Sandra Brotmayer nickt. »Wo ist die Kleine jetzt?«
»Bella wohnt mit ihrer Tochter in der ›Arche‹«, sagt Mia.
Boris' Mutter runzelt die Stirn. »Ist das nicht ein Mutter-Kind-Heim? Wohnt sie denn nicht mehr zuhause?«
»Bellas Eltern haben sie rausgeworfen, als sie hörten, dass sie schwanger ist«, erzählt Mia traurig.
»Sind die bescheuert?«, ruft Boris' Vater verärgert. »Man setzt doch nicht sein eigenes Kind vor die Tür für einen Fehler, den man gemeinsam ausbügeln kann.«
»Dann seid ihr nicht sauer auf mich?«, fragt Boris leise.
»Oh doch, mein Sohn! Wir sind verdammt sauer auf dich!«, sagt Boris' Vater. Er wischt sich erneut eine Träne aus den Augenwinkeln. »Aber nicht, weil du ein Mädchen geschwängert hast, sondern weil du so feige warst und sie alleine gelassen hast.«
»Und weil du uns nichts erzählt hast«, wirft Boris' Mutter noch ein.
Boris seufzt leise. »Ich möchte Bella nicht heiraten. Ich liebe sie nicht.«
Boris' Vater grunzt. »Mann, Boris, hast du denn gar nichts von uns gelernt? Du musst doch das Mädchen nicht gleich heiraten. Wir leben nicht mehr im Mittelalter. Aber du musst zu deinem Fehltritt stehen. Das Baby kann doch nichts dafür.«
»Bella ist sehr verzweifelt. Sie fühlt sich alleine und im Stich gelassen«, erzählt Mia.
Boris' Vater nickt. »Das kann ich mir gut vorstellen. Sie ist ja auch fast noch ein Kind. Und dann muss sie sich selbst um ein Kind kümmern.«

»Ja, ja, wenn Kinder Kinder kriegen«, sagt Oma Kassy seufzend. »Ihr wollt schon so groß sein, habt alle ein Smartphone, aber wenn es um Verhütung geht, dann googelt ihr das nicht. Ihr denkt einfach, so ein bisschen Spaß kann doch keine Folgen haben. Und schwupps, sind die Babys da!«
»Ein wahres Wort, Oma«, sagt Emma.
»Und wie geht es jetzt weiter?«, fragt Mia neugierig.
Sandra und Toni Brotmayer tauschen einen langen Blick, schließlich nicken beide.
»Wir haben eine Einliegerwohnung im Haus, die leer steht. Bella könnte mit ihrer Tochter dort einziehen. Wir haben unsere Firma gleich auf dem Nachbargrundstück. Es ist also immer jemand in der Nähe«, schlägt Boris' Mutter vor.
»Aber die Wohnung war doch für mich«, versucht Boris zu widersprechen.
Boris' Vater verzieht das Gesicht. »Du kannst gerne mit dort einziehen, mein Sohn. Sie ist groß genug für euch drei. Dann kannst du gleich Verantwortung für deine Tochter übernehmen.«
Boris grummelt verärgert vor sich hin. »Lieber nicht.«
»Ich schreibe Ihnen die Adresse auf. Die ›Arche‹ liegt in der Nähe der Schule in Bärenklau«, sagt Mia und nimmt Zettel und Stift. »Sie können ja vorher anrufen und sich ankündigen.«
Dankend nimmt Boris' Mutter den Zettel entgegen.

***

»Du hattest Recht, Mia. Lina hatte das KiSS-Syndrom. Der Orthopäde hat sie eingerenkt und seitdem ist sie das allerliebste Baby aller Zeiten«, schwärmt Bella.

Mia freut sich für ihre Klassenkameradin. »Das ist doch toll, Bella.«

»Haben sich eigentlich deine Eltern oder Boris' Eltern mal bei dir gemeldet?«, fragt Emma vorsichtig.

Bella schüttelt den Kopf. »Nein. Ich habe es auch noch nicht geschafft, mich bei Boris' Eltern zu melden.«

»Du hast dich wohl eher nicht getraut«, sagt Emma mit strenger Miene, als es plötzlich an der Tür klopft.

Bella erhebt sich von der Couch und geht zur Zimmertür.

»Guten Tag!«, sagt Sandra Brotmayer.

Staunend sehen Mia und Emma nicht nur ihren Klassenkameraden Boris in der Tür stehen, sondern auch dessen Eltern.

»Guten Tag!«, sagt Bella überrascht.

»Wir wollten eigentlich vorher anrufen, aber uns ist ständig etwas dazwischen gekommen. Du musst Bella sein. Ich bin Sandra Brotmayer, Boris' Mutter. Und das ist mein Mann Toni.«

Bella reicht Boris' Eltern die Hand.

Boris' Vater stupst Boris in die Rippen. »Würdest du Bella bitte auch einen guten Tag wünschen, Sohnemann!«

»Hallo Bella!«, sagt Boris leise.

»Hast du Zeit für uns, auch wenn wir nicht angemeldet sind?«, fragt Boris' Mutter.

Bella blickt unsicher zu Mia und Emma.

»Oh, du hast Besuch«, sagt Boris' Vater enttäuscht.

Boris grinst. »Prima, dann können wir ja gehen. Und tschüss!« Er will davonlaufen, doch sein Vater hält ihn am Kragen fest. »Nichts da, Boris! Hier geblieben!«

Mia und Emma springen auf. »Wir wollten sowieso gerade gehen.«

»Ihr müsst nicht gehen«, sagt Bella. »Wir können auch alle in den Aufenthaltsraum gehen.« Sie dreht sich um und holt Lina. Gemeinsam gehen sie in den großen Aufenthaltsraum, der heute ganz verlassen ist. Sie setzen sich in eine Sesselecke und schweigen sich nervös an.

»Möchten Sie Ihre Enkeltochter vielleicht mal halten?«, fragt Bella schüchtern.

Sandra Brotmayer fängt augenblicklich an zu weinen. Halb weinend, halb lächelnd wischt sie sich mit einem Taschentuch übers Gesicht und geht zu Bella. »Gott, sie ist so klein und zart. Und sie sieht aus wie Boris als Baby.« Vorsichtig nimmt sie Lina auf den Arm. Mit dem Baby geht sie zu ihrem Sessel zurück.

Boris springt auf und will Reißaus nehmen, doch sein Vater hält ihn zurück. Störrisch blickt Boris aus dem Fenster.

»Glaubst du, deine Tochter löst sich in Luft auf, nur weil du sie ignorierst?«, fragt Emma schnippisch.

Boris pfeffert ihr einen wütenden Blick zu. »Halt dich da raus, Pippi Langstrumpf!«

»Boris!« Streng sieht Toni Brotmayer seinen Sohn an. »Man könnte meinen, du hast keinerlei Erziehung genossen. Jetzt reiß dich mal zusammen! Emma hat ganz Recht. Du kannst deine Tochter nicht ungeschehen machen, nur weil du so tust, als wenn sie nicht existiert.«

Boris schließt kurz die Augen und seufzt. Dann schlägt er sie wieder auf und wendet sich an seine Mutter. »Okaaay! Darf ich sie auch mal halten?«

Lächelnd nickt seine Mutter. »Dann bleib bitte sitzen! Ich lege sie dir in den Arm.« Behutsam legt sie Lina in Boris' Arm. »Sie wirkt so zerbrechlich. Fällt sie auch nicht herunter?«, fragt Boris ängstlich.

Emma wischt sich verstohlen eine Träne aus den Augenwinkeln. Sie hält sich jedoch mit jeglichem Kommentar zurück, um Boris nicht zu verschrecken.

»Ich weiß, ihr seid viel zu jung«, sagt Boris' Mutter schniefend. »Aber was passiert ist, ist passiert und das können wir nicht wieder rückgängig machen. Also versuchen wir doch, das Beste aus der Situation zu machen, oder?«
Boris nickt.
Er traut sich kaum, sich zu bewegen.
»Deine Tochter ist nicht zerbrechlich. Sie ist total stabil«, sagt Bella leise.
Boris schneidet zunächst eine Grimasse, doch dann lächelt er. »Sie ist hübsch. Ganz der Papa.«
Bella grunzt. Doch man sieht ihr an, dass sie glücklich ist, nicht länger von Boris ignoriert zu werden.

»Bella, wir möchten dir etwas vorschlagen«, sagt Sandra Brotmayer mit ernster Miene.
Toni Brotmayer räuspert sich. »Genau. Wir haben in unserem Haus noch eine Einliegerwohnung. Wir möchten dir anbieten, mit Lina dort einzuziehen.«
Überrascht blickt Bella Boris' Eltern an. »Ehrlich? Ich weiß gar nicht, was ich sagen soll.«
»Wenn ich mich da mal einmischen darf...«, ertönt die Stimme der Heimleiterin, Martina Emmert, die niemand bemerkt hat.
»Mensch, haben Sie mich erschreckt«, sagt Emma und hält sich eine Hand aufs Herz.
»Verzeihung!« Martina Emmert räuspert sich. »Bella, ich finde, ihr solltet euch ein bisschen beschnuppern. Nehmen Sie es mir nicht übel, aber ich glaube, es wäre für Bella und Lina besser, Sie würden sich erst noch ein wenig kennenlernen. Wir haben hier auch die Möglichkeit, die Kinder zu betreuen, das würde natürlich nicht gleich wegfallen, wenn Bella zu Ihnen zieht. Aber unterschätzen Sie den Schritt bitte nicht!« Frau Emmert blickt zu Bella, die ganz unglücklich auf ihrem Sessel in sich zusammengesunken ist. »Bella, natürlich sollst du glücklich sein. Und natürlich ist das ein tolles Angebot. Aber ich würde dir nur gerne aus meiner Erfahrung heraus raten, mit der Entscheidung noch ein paar Wochen zu warten, bis du dich erholt hast und den Tagesablauf mit Lina schaffst.« Sie blickt wieder zu Boris Eltern. »Sie arbeiten doch sicherlich beide, oder?«
Boris' Eltern nicken.
»Wir haben eine eigene Firma«, sagt Boris' Vater.
Frau Emmert nickt seufzend. »Sehen Sie! Und so ein Kind bedeutet viel Arbeit. Bella sollte wieder zur Schule gehen können. Sie sollte Freunde treffen können, damit

sie ein fast normaler Teenager sein kann. Trauen Sie sich das zu?«

Boris' Mutter nickt entschlossen. »Ja. Das ist unser Enkelkind. Und wir möchten Bella in jeder Hinsicht unterstützen, als wenn sie unsere eigene Tochter wäre.«

Bella fängt plötzlich an zu weinen.

Frau Emmert geht zu ihr und legt ihr einen Arm um die Schultern. »Ach, Bella, meine Süße! Weine nicht! Du kannst deine Eltern nicht ändern. Aber vielleicht hast du das große Glück und findest in den Brotmayers eine Art Ersatzfamilie.«

Bella nimmt schniefend ein Taschentuch von Emma entgegen. Boris' Mutter steht auf und geht mit ausgestreckten Armen zu Bella. »Bella, darf ich dich umarmen?«

Bella nickt und steht auf.

Sie lässt sich umarmen und weint erneut los.

»Die Hormone!«, sagt Frau Emmert entschuldigend.

Boris' Vater wischt sich auch bereits verstohlen eine Träne aus den Augenwinkeln. Dann steht er auf und geht zu seiner Frau und Bella und umarmt beide schweigend.

»Und was ist mit mir?«, fragt Boris. »Wer umarmt mich?«

»Du hast kostbare Fracht geladen«, platzt Emma heraus.

Bella löst sich lachend aus der Umarmung. »Genau«, sagt sie, »wenn du Lina oft genug umarmst, kommt sie irgendwann von ganz alleine zu dir. Dann hast du auch jemanden, der dich umarmt.«

Boris blickt zu Bella auf. »Ich war ein ganz schön großes Arschloch, was? Tut mir leid, Bella!«

Boris' Mutter nimmt ihm Lina ab, damit er Bella die Hand reichen kann.

Bella ergreift sie. »Entschuldigung angenommen.«

»Aber heiraten werde ich dich nicht«, fügt Boris störrisch hinzu.

Emma verdreht die Augen. »Boris! Das hat auch niemand von dir verlangt.«

»Darf ich meine Enkeltochter auch mal halten?«, fragt Boris' Vater.

»Natürlich, mein Schatz! Haben wir dich übergangen?«, fragt Boris' Mutter und legt ihrem Mann Lina in den Arm. »Wie klein so ein Wesen doch ist! So schutzbedürftig!«

»Bella, wir möchten dich zu nichts drängen. Aber unser Angebot steht. Mach dir einfach Gedanken darüber und wenn du zu uns ziehen möchtest, dann gib uns Bescheid! Und bis dahin würden wir uns sehr freuen, wenn wir dich und Lina unterstützen können«, sagt Sandra Brotmayer.

Bella nickt lächelnd. »Dankeschön! Endlich bin ich nicht mehr allein.«

Boris' Mutter streichelt Bellas Arm. »Nein, das bist du nicht! Zum Glück hatten deine beiden Freundinnen mehr Mut als du, sonst wärest du heute noch allein. Denn Boris hatte leider nicht den Mumm, uns einzuweihen.«

»Ja, ja«, mischt sich Boris' Vater ein, während er mit Lina durch den Raum tanzt, »Reden ist halt doch nicht Silber, sondern Gold.«

»Wir gehen dann mal«, sagt Emma leise und zieht Mia aus dem Zimmer. »Wir stören nur bei der Familienzusammenführung!«

Ohne Angst kein Mut

»Jetzt ist schon wieder ein Schuljahr vergangen und wir kommen bereits in die achte Klasse«, sagt Mia, während sie mit Thomas Pfannkuchen isst.
»Und es ist wirklich viel in dem Schuljahr passiert«, stöhnt Thomas' Vater. »Nur gut, dass ihr noch keinen Nachwuchs plant. Ich habe da einen Mandanten, der nervt mich ganz gewaltig.«
»Was will der denn?«, hakt Thomas neugierig nach.
Thomas' Vater grunzt. »Zuerst wollte er, dass ich eine Abtreibung bei seiner Tochter veranlasse. Jetzt, wo das Baby da ist, will er ernsthaft, dass ich eine Zwangsadoption veranlasse. Als wenn man der Mutter einfach das Kind wegnehmen könnte! Vorstellungen haben die Leute!«
»Klingt ein bisschen wie nach Bellas Eltern«, murmelt Mia, als es plötzlich klingelt.
»Ich gehe schon«, ruft Thomas' Mutter.
»Halt! Warten Sie!«, hören sie sie kurz darauf aus dem Flur rufen. Bevor irgendjemand reagieren kann, steht auch schon ein breitschultriger, glatzköpfiger Mann im Wohnzimmer. »Herr Rechtsanwalt«, ruft er außer sich, »so geht das nicht!«
Thomas' Vater stöhnt leise. Er legt seine Gabel beiseite und erhebt sich vom Tisch. »Herr Lustig, ich habe Feierabend.«
»Nein, nein, ein Rechtsanwalt hat niemals Feierabend. Niemals, hören Sie!«, ruft Herr Lustig eine Spur zu laut.
Thomas' Vater umrundet den Tisch. »Doch, Herr Lustig. Auch ein Rechtsanwalt hat ein Recht auf Privatsphäre. Was kann ich denn für Sie tun? Sie sind ja so aufgebracht.«

»Ich hatte Ihnen schon vor Monaten gesagt, dass sie die Abtreibung bei meiner Tochter veranlassen sollten. Das haben Sie nicht getan…«
»Weil es dafür keine Rechtsgrundlage gibt«, unterbricht Hans Wietmüller seinen ungebetenen Gast. »Wir leben nicht mehr in Zeiten, wo man über den Kopf einer Schwangeren hinweg über ihren Körper entscheiden kann. Zum Glück!«
»Zum Glück? Das ist ein Unglück! Jetzt hat meine Tochter ein Balg am Hals, das niemand will. Sie wird sechzehn. Das ist doch kein Alter, um ein Kind großzuziehen. Ich will, dass Sie die Adoption veranlassen! Sofort!«
Thomas' Vater blickt auf seine Armbanduhr. »Wen soll ich denn jetzt um 17.30 Uhr noch erreichen? Auch ein Familienrichter hat das Recht auf Freizeit.«
»Freizeit! Papperlapapp! Es wird doch wohl eine Notbesetzung beim Gericht geben!« Wütend fährt sich Herr Lustig über die Glatze. »Ich will, dass Sie das sofort veranlassen! Meine Tochter versaut ihr ganzes Leben.«
»Ihre Tochter kann sich glücklich schätzen, dass sie in dem Mutter-Kind-Heim wohnen darf und nicht so einen übellaunigen, miesen Vater wie Sie ertragen muss«, wirft Mia verärgert ein.
»Wie bitte?« Erschrocken blickt Herr Lustig zu Mia. »Bist du nicht die kleine Mia Maibaum? Was ist das hier? Kuppelei?«, ruft Herr Lustig empört.
Thomas' Vater fängt an zu lachen. »Herr Lustig! Nun lassen Sie mal die Kirche im Dorf! Die ›Kuppelei‹ wurde 1969 abgeschafft.«
Herr Lustig hebt einen Finger. »Das stimmt jawohl nicht ganz, Herr Anwalt! Dass der alte Kuppler-Paragraph abgeschafft worden ist, weiß ich sehr wohl. Leider. Gemäß des neuen Paragraphen einhundertachtzig Strafgesetzbuch

ist es jedoch immer noch strafbar, wenn Sie Kindern unter Sechzehn erlauben, sexuelle Handlungen vorzunehmen.«
Hans Wietmüller verdreht die Augen. »Herr Lustig, das ist nicht ganz richtig. Freiwilliger Sex unter Gleichaltrigen ist erlaubt. Mia und Thomas sind beide bereits vierzehn Jahre alt und damit dürfen sie Sex miteinander haben. Wäre Mia erst dreizehn, dann dürften mich ihre Eltern anzeigen, wenn ich Sex zuließe oder ich sie hier ohne elterliche Einwilligung übernachten lassen würde. Wenn aber beide Jugendliche unter vierzehn sind, sind die sexuellen Handlungen wiederum nicht strafbar. Beide haben glücklicherweise fast am selben Tag Geburtstag. Somit stellt sich die Frage nicht.«
»Nun, was Sie Ihrem Kind erlauben, soll Ihre Sache sein, Herr Anwalt. Ich will aber, dass Sie Bella das Kind wegnehmen!«, beharrt Herr Lustig.
»Sie sollten sich wirklich schämen, Herr Lustig«, sagt Mia und schneidet eine Grimasse. »Wie sind Sie eigentlich zu Ihrem Namen gekommen? Der passt ja so gar nicht zu Ihnen!«
Thomas kichert leise.
»Egal. Sie sollten sich wirklich schämen, dass Sie Ihre Tochter auf die Straße gesetzt haben und ihr jetzt auch noch das Kind wegnehmen wollen. Sie haben wohl gar kein Herz, was? Ist Ihnen Ihr eigen Fleisch und Blut so unwichtig?«, fährt Mia fort.
Herr Lustig öffnet den Mund, um zu protestieren, aber ihm fällt nichts ein. Also schließt er den Mund wieder.
»Mia, danke!«, sagt Thomas' Vater und lächelt die Freundin seines Sohnes an. »Herr Lustig, ich lege hiermit sämtliche Mandate von Ihnen nieder. Ich bin nicht länger Ihr Anwalt. Ich habe die Nase voll von Ihrer Herzlosigkeit. Mia hat vollkommen Recht. Was sind Sie nur für ein

Mensch, dass Sie ernsthaft von mir verlangen, dass ich Ihrer Tochter das Kind wegnehme?«

Herr Lustig verzieht verärgert das Gesicht. »Ist das Ihr letztes Wort?«

Hans Wietmüller nickt und deutet zur Tür. »Ja. Und jetzt verlassen Sie bitte mein Haus oder ich muss die Polizei rufen.«

»Unverschämtheit! Na, warten Sie! Ich werde Sie bei der Anwaltskammer anzeigen. Sie werden noch Probleme kriegen, das schwöre ich Ihnen«, ruft Herr Lustig, während Thomas' Vater ihn durch die Wohnzimmertür schiebt. »Ich habe keine Angst vor Ihnen. Im Gegensatz zu Ihnen bin ich ein mutiger Mensch, der seine Angst in die Knie zwingt, um das Leben auch zu leben. Sie aber sind engstirnig und verbohrt. Sie werden irgendwann als einsamer, alter Mann sterben und niemand wird Ihnen eine Träne nachweinen«, hören sie Hans Wietmüller sagen.

Die Haustür fällt ins Schloss und Thomas' Vater kommt zurück in den Wohnbereich. Stöhnend wischt er sich über die Stirn. »Du meine Güte! Was gibt es nur für schreckliche Menschen?«

»Ich bin froh, dass du ihn hinausgeworfen hast, Hans«, sagt Thomas' Mutter erleichtert.

»Ich auch. Kommt, lasst uns in Ruhe aufessen! Danach spendiere ich noch ein Eis.«

Mia und Thomas reißen erfreut die Arme hoch.

»Eis geht immer«, lacht Mia. Dann wird sie wieder ernst. »Bella tut mir leid! Ich habe in den letzten Monaten gedacht, mein Vater ist schrecklich, aber ihr Vater ist nicht zu toppen.«

Thomas umarmt Mia. »Wie gut, dass wir beide jetzt vierzehn Jahre alt sind, sonst müsste mein cooler Vater in den Knast wandern.«
Hans Wietmüller verdreht die Augen. »Bloß nicht!«
»Zum Glück wusste mein Vater davon nichts. In seiner blinden Eifersucht hätte er bestimmt auch nach der Angel gegriffen«, stöhnt Mia.
»Das stimmt allerdings«, gibt Thomas' Vater zu. »Manchmal ist es gut, dass nicht alle Leute ihre Rechte kennen.«

***

»Emma«, sagt Herr Knabe und überreicht seiner Schülerin lächelnd einen Fresskorb, »schön, dass wir unser Abschlussfest bei euch in der Baumschule feiern dürfen.«
»Ist doch selbstverständlich, Herr Knabe«, erwidert Emma und reicht den schweren Korb an Matthew weiter.
»Sind denn schon welche da?«, fragt Herr Knabe.
»Nur Mia und Thomas«, antwortet Emma. »Kommen Sie, Herr Knabe! Gehen wir zum Gewächshaus rüber! Wenn Sie Glück haben, wird meine Oma Sie auch nicht fressen. Sie ist nämlich heute als Fotografin unterwegs.«
Herr Knabe lacht leise auf. »Was habe ich nur für ein Glück, dass deine Oma nicht der böse Wolf ist und du Pippi Langstrumpf und nicht Rotkäppchen.«
Lachend gehen sie ins Gewächshaus und bereiten alles für die Abschlussfeier vor.
»Bella«, ruft Herr Knabe, als Bella mit Boris und ihrer Tochter kurze Zeit später auftaucht. Im Schlepptau haben sie Boris' Eltern.
»Schön, dass du kommst. Wie läuft es mit deinem Baby?«
»Gut, Herr Knabe«, entgegnet Bella. »Ich gehe jetzt auf die Realschule und Lina ist in der Kinderkrippe.«

»Dann wohnst du noch im Mutter-Kind-Heim?«, hakt der Lehrer nach.
Bella schüttelt den Kopf. »Lina und ich wohnen jetzt bei Boris im Haus mit. Sie haben eine extra Wohnung.«
Überrascht öffnet Herr Knabe den Mund. »Bei Boris?«
Boris zuckt verlegen grinsend mit den Schultern.
»Da ist wohl jemand erwachsen geworden, ohne dass ich das bemerkt habe! Toll, Boris, dass du über deinen Schatten gesprungen bist«, lobt Herr Knabe.
»Er ist wohl eher über seinen Schatten geworfen worden«, platzt Emma grinsend dazwischen. Sie drängelt sich an ihrem Lehrer vorbei und begrüßt Bella mit einer Umarmung.
Nach und nach trudeln auch die anderen Schüler mit ihren Eltern ein. Alle bewundern die kleine Lina, die trotz Lärm seelenruhig im Kinderwagen liegt und schläft. Sie ist quasi der Star des Abends.
»Mir wäre es trotzdem ganz lieb, wenn ihr mit der Familienplanung noch warten könntet«, sagt Mias Papa, der sich über die Hähnchen am Buffet hergemacht hat.
»Papa, ich nehme die Pille. Da dürfte eigentlich nichts passieren«, kontert Mia genervt. »Nur weil Bella scharf darauf war, ein Baby zu kriegen und Lina so niedlich ist, heißt das doch noch lange nicht, dass wir alle nun ein Kind haben wollen.«
»Das beruhigt mich sehr«, sagt Mias Papa schmatzend.
»Mich auch«, bestätigt Thomas' Vater und zwinkert Mia zu. »Aber wenn doch etwas passiert, werde ich der stolzeste Opa aller Zeiten sein und natürlich werdet ihr dann bei uns wohnen.«
»Was?« Tom Maibaums Kopf ruckt herum. »Bei dir, Hans? Wieso wohnen die drei dann nicht bei uns?«

»Ihr habt schon Pinguine und einen Uhu. Bei uns ist mehr Platz«, beharrt Hans Wietmüller.

Thomas verdreht stöhnend die Augen. »Jetzt streiten unsere Väter schon darüber, wo wir wohnen, wenn wir Nachwuchs bekommen. Dabei ist die Familienplanung noch nicht einmal in Sicht.«

Mia hakt Thomas unter. »Was haben wir für ein Glück, dass sie sich um uns streiten!«

Thomas lächelt und drückt Mia einen Kuss auf die Wange. »Da hast du auch wieder Recht. Wir sind Glückskinder.«

»Aber so was von!«

»Glückskinder? Warum?«, platzt Emma dazwischen. »Weil ihr mit mir befreundet sein dürft? Der legendären Pippi Emma Langstrumpf?«

Mia umarmt ihre Freundin. »Genau. Du bist die allerbeste Freundin, die man sich wünschen kann.«

»Und was ist mit mir?«, fragt Matthew fast ein wenig beleidigt.

Emma hakt ihn unter und blickt verliebt zu ihm auf. »Du bist auch ein Glückskind, weil du mich hast.«

Matthew lacht. »Vielleicht bist du auch ein Glückskind, weil du mich hast!«

»Das bin ich auf jeden Fall«, bestätigt Emma.

»Kinder, wisst ihr, dass schon wieder ein Jahr rum ist? Noch ein paar Jahre und dann ist die Schule vorbei«, ruft Herr Knabe fast ein wenig traurig.

Die Schüler kichern leise.

»Aber Herr Knabe, Sie haben doch nun endlich eine Freundin! Vielleicht sollten Sie mal langsam über Nachwuchs nachdenken, sonst sagt Ihr Kind noch ›*Opa*‹ zu Ihnen, wenn Sie uns unser Abiturzeugnis überreichen und die ersten grauen Haare haben«, ruft Emma und erntet ein paar Lacher.

»Ich weiß nicht«, zögert Herr Knabe. »Nach den Baby-Dummys ist mir ein bisschen die Lust auf eigene Kinder vergangen.«

Bella drückt ihm kurzerhand Lina in den Arm. »Schauen Sie doch mal, Herr Knabe! So fühlt sich ein echtes Baby an. Das ist keine Puppe. Das ist ein Mensch.«

Lina lächelt Herrn Knabe an.

»Sie hat gelächelt«, ruft Bella erfreut. »Sie hat zum ersten Mal gelächelt. Was haben Sie nur für ein Glück, Herr Knabe!«

»Das waren bestimmt Blähungen«, feixt Lennard. »Niemand lächelt freiwillig einen Lehrer an.«

»Doch«, sagen Emma, Mia und Amelie gleichzeitig. »Wir haben den besten Lehrer der Welt! Herr Knabe bekommt unser schönstes Lächeln.«

Der Lehrer blickt auf und ist ganz gerührt, als er die Mädchen lächeln sieht. »Meine Mädels!«, sagt er seufzend.

Oma Kassy schießt ein Foto von der Szene. »Das müssen wir doch festhalten. Ein weiteres Schuljahr mit viel Aufregung, Tränen und Gelächter ist vorüber. Und ich bin schon wieder ein Jahr älter.«

»Ach Oma«, sagt Emma und legt ihrer Großmutter einen Arm um die Schultern. »Man sieht dir dein Alter gar nicht an! Du siehst aus wie…«

»Na?« Lauernd wartet Oma Kassy auf die Antwort.
»Wie Oma Kassy«, antworten Mia und Thomas gleichzeitig.
Emmas Großmutter grinst. »Sehen Sie, Herr Knabe, das ist einer der Gründe, weshalb man seine Angst überwinden und mutig sein sollte! Kinder machen das Leben bunt und aufregend. Und da Sie aus dem Teenageralter heraus sind, besteht auch keine Gefahr, dass sie im Vater-Kind-Heim landen.«
»Darf ich noch aufessen?«, fragt Herr Knabe und deutet auf sein Sandwich. »Oder muss ich gleich nach Hause?«
»Sie dürfen noch aufessen, Herr Knabe. Und dann wird erst einmal getanzt«, ruft Mia lachend.
»Genau. Ihre Familienplanung muss heute noch warten. Nachwuchs dürfen Sie aber dann später im Dunkeln zeugen, damit niemand weiß, was Sie getan haben«, kichert Emma.
Herr Knabe verdreht die Augen. »Wie gut, dass niemand aufgeklärt ist und keiner weiß, warum meine Freundin dann bald mit einem dicken Bauch herumläuft.«
»Genau«, sagt Boris und legt einen Arm um Bellas Hüfte, »und vergessen Sie nicht, das Kondom wegzulassen.«
»Das werde ich mir merken, Boris!«, antwortet Herr Knabe lächelnd. »Danke für den Hinweis!«
»Dass du schon wieder Witze darüber reißen kannst«, staunt Lennard.
Boris umarmt seinen Freund. »Das Leben geht weiter, Kumpel. Und du musst zugeben, dass ich eine hübsche Tochter gemacht habe.«
»Aus Versehen«, fügt Bella hinzu.
Boris winkt ab. »Quatsch! Ich habe gute Gene. Sie musste hübsch werden.«

»Na, dann können wir uns ja bald schon auf Baby Nummer Zwei freuen«, grunzt Lennard genervt.
»Blödsinn!«, sagt Bella entschlossen. »Da habe ich jawohl auch noch ein Wörtchen mitzureden. Noch einmal möchte ich das in meinem Alter nicht durchmachen. Ich lasse mir lieber noch ein paar Jahre Zeit.«
»Gute Entscheidung«, lobt Emma und umarmt Bella.
Mia kommt gleich dazu.
»Bitte lächeln!«, ruft Oma Kassy und schießt ein Foto von den drei Mädchen. »Man muss jeden Moment festhalten. Er kommt nie wieder zurück.«
»Wenn wir dich nicht hätten, Oma Kassy!«, sagt Mia lächelnd.
»Was wäre dann?«, will Emmas Großmutter wissen.
»Dann würden wir manchmal ganz schön auf dem Schlauch stehen«, beantwortet Bella ihre Frage.
»Was sagt uns das?«, wirft Mia ein.
»Wir brauchen unsere Eltern und Großeltern noch, weil wir als Teenager zwar schon mega erwachsen sind, aber doch noch nicht alles können?«, fragt Emma, obwohl sie die Antwort weiß und gibt Mia einen Kuss auf die Wange.
Mia hebt den Daumen.
Thomas und Matthew eilen herbei und umarmen die Mädels, damit Oma Kassy noch ein Foto machen kann.
»Genau. Erwachsen werden ist cool. Aber ohne die Großen geht es oftmals nicht. Wir werden sie uns also warmhalten müssen«, feixt Mia und zwinkert ihren Eltern zu.
Mias Papa wischt sich den imaginären Schweiß von der Stirn. »Was haben wir für ein Glück, dass ihr uns noch nicht aussortiert.«
»Wenn du so cool wirst wie Oma Kassy, darfst du auch als Opa noch mitfeiern, Papa«, witzelt Mia.

Mias Papa umarmt seine Tochter. »Meine kleine, große Mia! Manchmal frage ich mich, wer mutiger ist: Ihr Teenager oder wir Eltern.«
»Eindeutig wir, Herr Maibaum«, sagt Emma.
»Genau. Wir haben zwar die größere Angst, weil für uns noch so vieles unbekannt ist, aber wir haben auch den größeren Mut«, bestätigt Mia.
»Und genau so soll es sein!«, sagt Mias Papa und gibt seiner Tochter einen Klaps auf den Po. »Und nun ab zum Tanzen. Thomas wartet schon!«
Lachend entfernen sich Mia und Emma, um mit Thomas und Matthew zu tanzen.

ENDE

Liebe Leserin, lieber Leser,

vielen Dank, dass du dich mit mir zusammen auf die Suche nach Antworten gemacht und mit Mia auf ›Sexualaufklärungs‹-Reise gegangen bist. Mir ist Mia mit ihren tollen Freunden mächtig ans Herz gewachsen.

Falls du mir eine besonders große Freude machen willst, dann schreibe doch bitte im Twentysix-Shop und/oder bei Amazon (oder einem Online-Buchhändler deiner Wahl) in einer Rezension, wie dir das Buch gefallen hat.

Egal, wie umfangreich deine Beurteilung ausfällt, als unabhängige Autorin ist es sehr wichtig für mich, Bewertungen zu bekommen.

Tausend Dank dafür!

Kontaktadressen:

›Mit Sicherheit verliebt‹

Das Projekt ist ein von Studierenden geleitetes Sexualaufklärungsprojekt der Bundesvertretung der Medizinstudenten in Deutschland e.V. (bvmd). Wollt ihr das Projekt in eure Schule oder Einrichtung holen? Hier sind die Kontaktdaten:

Mail: info@sicher-verliebt.de

Telefon (Berlin): 030 - 9560020-3

Website: www.bvmd.de

Beratung

Du möchtest dich beraten lassen? Alle Anfragen und Beratungen werden auch bei ›**pro familia**‹ vertraulich behandelt. Im Übrigen könnt ihr euch im konkreten Fall einer (ungewollten) Schwangerschaft von folgenden Fachleuten beraten lassen:

›Pro familia‹

Mail: info@profamilia.de

Telefon (München): 069 - 2695 7790

Website: www.profamilia.de

Herzbuch-Autorin und Illustratorin

Als Herzbuch-Autorin stehe ich für kind- und jugendgerechte Aufklärung mit Herz. Ich habe nicht nur die Aufklärungsreihe „Mia - Aufklärung mit Herz" mit brisanten Sachthemen und harten Fakten über Homosexualität, Trauerbearbeitung, Flüchtlinge, Mobbing, Sexualität, Transgender und Drogen geschrieben, sondern ebenso Märchen und Komödien, die auch dein Herz zum Lächeln bringen.
Mein Geheimnis? Ich liebe meine Arbeit und das seit meinem 9. Lebensjahr.

 Willst du mehr über mich wissen, dann besuche meine Website
https://www.lilly-froehlich.de/

Quizfragen zur Mia-Reihe findest du übrigens auf www.antolin.de.

Bestseller ohne Cover?

Unmöglich!

Wir geben deiner Kunst ein Gesicht.

Hole dir noch heute deine kostenlose Erstberatung!

https://isabelleferrara.myonlinemail.de/

https://www.nuebedia.de/kuenstler.html

Ebenso im Handel erhältlich als Taschenbuch und E-Book
**Trennung - Eine Patchworkfamilie für Mia
(Band 1)**

Die siebenjährige Mia wollte eigentlich eine Schwester – bekommen hat sie einen leeren Küchenstuhl, denn ihre Eltern haben sich getrennt. Und weil das heutzutage gar nicht mehr so ungewöhnlich ist, lebt Mia bei ihrem Papa.
Während sich ihr Papa in ihre Klassenlehrerin verliebt, verliebt sich der kleine Pinguin Fridolin in Mia. Wird Frau Biber nun ihre neue Mama und deren Sohn Benjamin ihr neuer Bruder?
Mias Leben ist plötzlich wie ein zusammengewürfelter Haufen bunter Flicken – Patchwork eben!

**ISBN: 978-3-740-765576
Ab 6 Jahre**

Ebenso im Handel erhältlich als Taschenbuch und E-Book
**Andersrum - Mia und die Regenbogenfamilie
(Band 2)**

Aufregung in Bärenklau! Mias Klasse bekommt Zuwachs – ein Zwillingspärchen aus der Hauptstadt. Nils und Amelie haben zwei Mütter, leben also in einer Regenbogenfamilie und davon haben die Bewohner in Bärenklau noch nie gehört, erst recht nicht die Klasse 3b. Und so beschließt ihr neuer Klassenlehrer, Herr Knabe, die unterschiedlichen Familienformen im Unterricht zu besprechen. Ganz zum Ärger von Thomas' Vater, der einen Riesenwirbel veranstaltet, um Herrn Knabe auszubremsen. Mia freundet sich mit den Zwillingen an und stellt schnell fest, dass zwei Mütter fast ganz normal sind – Regenbogen eben!

**ISBN: 978-3-740-765583
Ab 7 Jahre
Von der AJuM der GEW für Schulen empfohlen!**

Ebenso im Handel erhältlich als Taschenbuch und E-Book

Neuanfang - Mia und die Flüchtlingsfamilie (Band 3)

Die Bürger von Bärenklau sind nervös und haben Angst. Menschen aus fremden Ländern, in denen Krieg herrscht, sollen in ihrem kleinen Ort untergebracht werden. Dabei ist das Dorf doch viel zu klein, niemand spricht Arabisch und die Fremden verstehen kein Wort Deutsch. Als das Flüchtlingskind Samira in Mias Klasse kommt, spaltet sich die Klassengemeinschaft genauso wie das Dorf in zwei Lager: diejenigen, die die Fremden ablehnen und diejenigen, die sich über die Neuzuwachs freuen. Aber reicht das aus, damit die neuen Dorfbewohner heimisch werden?

ISBN: 978-3-740-765590
Ab 8 Jahre

Ebenso im Handel erhältlich als Taschenbuch und E-Book
Überlebenskampf - Mia und die Zirkusfamilie (Band 4)

Hurra, der Zirkus ist da! Mia freut sich riesig auf die Vorstellung, doch die Freude wird durch demonstrierende Tierschützer getrübt. Als die beiden Zirkusmädchen Tina und Toulouse in Mias Schulklasse kommen, tauchen eine Menge Fragen auf. Mia besucht mit ihren Mitschülern den großen Circus Diadem und die Tierschutzorganisation von Bärenklau. Hier dürfen die Kinder einen Blick hinter die Kulissen werfen. Bei Mia geht es also mal wieder turbulent zu und ein tragischer Unfall auf der Klassenreise am Meer führt zum Gefühlschaos.

ISBN: 978-3-740-765606
Ab 8 Jahre

Im Handel erhältlich als Taschenbuch und E-Book
Entmobbt - Mia und die Pflegefamilie
(Band 5)

Mobbingopfer können sich nicht von alleine aus der Mobbingfalle befreien und Mobber hören mit dem Schikanieren von sich aus auch nicht wieder auf. Das müssen Mia und ihre Freunde schnell feststellen, als Michael über einen längeren Zeitraum immer heftiger von Lennard, Boris und Hannes geärgert und verletzt wird. Sie wenden sich an ihren Klassenlehrer Herrn Knabe, der Anti-Mobbing-Experten in die Schule holt. Nach einem Selbstmord an der Schule organisiert der Schülerrat das Projekt „Schule ohne Rassismus - Schule mit Courage". Zeitgleich erfährt Mia nicht nur, dass ihre Tante eine „Bereitschafts-"Pflegemutter ist, sondern ihr langjähriger Kumpel Lucas ein Pflegekind. Warum lebt er in einer Pflegefamilie und was bedeutet das überhaupt? Warum hat er so ein großes Geheimnis daraus gemacht? Und kann die Schule das Mobbingproblem in den Griff bekommen?

ISBN: 978-3-740-765613
Ab 10 Jahre

Im Handel erhältlich als Taschenbuch und E-Book
Seelenchaos - Mia und die Adoptivfamilie
(Band 7)

Transgender? Transidentität? Transsexualität? Das sind Begriffe, mit denen sich bisher kein Bärenklauer auseinandersetzen musste! Als Christina in Mias Klasse kommt, sorgt sie für Wirbel, denn Christina möchte ›Chris‹ genannt werden und sagt, sie sei ein Junge - ein ›Trans*Junge‹. Davon wollen Chris' Eltern jedoch nichts hören. Mias Klassenlehrer, Herr Knabe, holt Fachleute in die Schule, um sich und die Schüler der Klasse 8b über Transidentität aufzuklären. Aber auch Chris' Freundin René hat ein Problem: Sie hat herausgefunden, dass sie als Baby adoptiert wurde und ist deswegen von zuhause weggelaufen. Warum haben das ihre Adoptiveltern verschwiegen? Und wer sind ihre leiblichen Eltern? Mia und Emma wollen helfen. Aber reicht das, um Chris Anerkennung als Jungen zu verschaffen und René wieder mit ihren Adoptiveltern zusammenzuführen?

ISBN: 978-3-740-765637
Ab 12 Jahre

Ebenso im Handel erhältlich als Taschenbuch und E-Book
**Drogen(un)glück - Mia und die Stieffamilie
Band 8**

Als Mia mit ihrem Freund Thomas in die Teeniedisco geht, schüttet ein Fremder die illegale Droge Crystal Meth ins Glas, welches Thomas unbeobachtet stehen lassen hat. Thomas kann daraufhin drei Tage nicht schlafen, spürt keine Schmerzen, hat keinen Hunger und wird aggressiv. Mia ist geschockt, als er plötzlich anfängt Cannabis zu rauchen. Thomas Eltern stellen fest, dass sie Thomas mit Vernunft und Aufklärung nicht zu kommen brauchen, denn die Baustelle im Kopf, die die Pubertät verursacht, ist gar nicht so einfach zu überlisten. Auch der Klassenlehrer, Herr Knabe, versucht die Jugendlichen durch einen Drogenberater von den Drogen wegzukriegen.
Thomas rutscht immer tiefer in die Drogenszene und auch Michael, der Stress mit seinem neuen Stiefvater hat, sucht Ablenkung im Drogenkonsum. Mia und Emma versuchen, die Jungs zu bekehren, aber reicht das aus?

ISBN: 978-3-740-765279
Ab 13 Jahre

Ebenso im Handel erhältlich als Taschenbuch und E-Book
Interview mit Rumpelstilzchen Junior
(Märchen)

Emma Valentino wollte Steven nur eine Einladung zur Kostümparty geben. Doch dann saß sie plötzlich in einer Waldhütte vor einem zotteligen Zwerg, der behauptete, Rumpelstilzchens Sohn zu sein.

Er war es leid, dass sein Vater als Bösewicht in die märchenhafte Geschichte eingegangen ist, und wollte endlich mit den Vorurteilen aufräumen.

Im Gegenzug für das Interview hat er Emma ein Date mit Steven versprochen. Und so purzelte sie in ein märchenhaftes Abenteuer mit vielen Überraschungen.

ISBN: 978-3-740-705640
Ab 10 Jahre

Ebenso im Handel erhältlich als Taschenbuch und E-Book
Zabzaraks Spiegel
(Fantasybuch)

Die Erde war einst ein Ort, an dem Menschen und Lichtwesen friedlich miteinander lebten. Doch eines Tages erklärte der machthungrige Zauberer Tarek Su Zabzarak den Krieg. Er tötete das gütige Herrscherpaar Lady Tizia und Lord Kodron. Dann stahl er den Elben das Lachen und die Musikinstrumente, so dass sie keine Menschen mehr heilen konnten. Zabzarak krönte sich selbst und wurde zum Herrscher über Zaranien. Etwa tausend Jahre später half ein Junge namens Merlin seinen Freunden bei der Suche nach einem Kater. Dabei durchbrach er den Schleier des Vergessens. Jeremy und Lissy versuchten ihn aufzuhalten und landeten mit ihm in Zaranien, dem Land der Elben und Feen. Sind die drei Freunde tatsächlich die Auserwählten? Können sie es mit dem schwarzmagischen Zauberer und seiner Armee aufnehmen?

ISBN: 978-3-740-745875
Ab 9 Jahre